Erwin Junker

DER FABRIKANT

Alle Rechte vorbehalten – Printed in Germany

© Erwin Junker 2010

Die aktualisierte und erweiterte Auflage dieser
Autobiografie entstand 2018 in der Memoiren-Manufaktur.
www.memoiren-manufaktur.de

Die Abbildungen stammen aus dem Besitz von Erwin Junker
Umschlagporträt: aufgenommen von Wolf Lux
im Hotel Adlon, Berlin
Gestaltung und Satz: mueller-mueller.net, Berlin
Redaktion: Juliane Primus, Berlin
Herstellung: Friedrich Pustet GmbH & Co. KG, Regensburg
ISBN: 978 3752 8799 40

Erwin Junker

DER FABRIKANT

Meine Lebensgeschichte

*Beschossen! Verleumdet! Inhaftiert!
Und doch nicht kleingekriegt.*

Aufgezeichnet von
Matthias Kluckert

VORWORT
7

LEBENSGESCHICHTE
9

NACHWORT
179

CHRONOLOGIE
185

BILDTAFELN
188

**PRODUKTIONSSTANDORTE
DER JUNKER GRUPPE**
205

VORWORT

Wenn ich heute in meinem Büro aus dem Fenster blicke, dann schaue ich auf einen Hang, der sich in den Jahrzehnten kaum verändert hat. Noch immer fährt ein Bauer mehrmals im Jahr über das Feld und bestellt den Acker. Noch immer färbt sich die Wiese mit den Jahreszeiten: im Frühjahr ist sie saftig grün, im Sommer sonnengebleicht, im Herbst braun und im Winter schneebedeckt weiß. Noch immer beginnt ein Stück oberhalb des Feldes der dunkle Nadelwald. Noch immer kenne ich den Eigentümer der Wiese persönlich, wie ich fast jeden Bürger meines Heimatdorfes persönlich kenne. Und noch immer steht gegenüber dem Feld diesseits eines kleinen Baches eine kleine Mühle.

Es war diese kleine Mühle, in der ich 1962 im Alter von 32 Jahren mit dem Aufbau des heute international erfolgreichen Maschinenbau-Unternehmens begann, das meinen Namen trägt. Heute wird die Mühle umrahmt von den großen Hallen und dem Verwaltungsgebäude des Unternehmens. Im vierten Stock dieses Verwaltungsgebäudes sitze ich nun hinter meinem Schreibtisch und blicke aus dem Fenster auf die Wiese gegenüber. Die Wiese, sie erscheint mir wie ein idyllischer Trugschluss – scheint sie doch zu sagen, dass noch alles genau so wäre wie damals.

Dabei hat sich seit meiner Jugend so vieles verändert, fast alles, und dabei habe doch vor allem auch ich selbst mich verändert. Ich bin längst nicht mehr der kleine neugierige und naive Bub, für den damals schon ein Ausflug in die Dorfmitte ein Ereignis bedeutete. Sondern heute bin ich reich an Erfahrungen und gezeichnet von einem Leben, das mich viele Wege hat beschreiten lassen, gute wie auch schlechte.

Von diesen Wegen und von meinem Leben möchte ich in diesem Buch erzählen.

Meine Unternehmerkarriere stellt sich mir im Rückblick wie eine Art Krimi dar. Ein Krimi mit gutem Ausgang allerdings, denn meine Firma – die sich noch immer zu 100 Prozent in meinem Besitz befindet, schuldenfrei und mit hohem Eigenkapital versehen ist – beschäftigt heute rund 1.500 Mitarbeiterinnen und Mitarbeiter. Meine Visitenkarte mit dem Titel »Fabrikant« ist in unserer Gesellschaft selten geworden und wird von jedem jungen Ingenieur gerne genommen.

Der Leser wird auf den folgenden Seiten selbst sehen, dass ich mit vielen Neidern zu hadern hatte. Doch dazu später.

1

Lange bevor ich auch nur davon zu träumen wagte, einmal ein erfolgreicher Unternehmer zu sein, habe ich vor Jahrzehnten meine erfinderische Begabung an einem Bach in der Nähe des Sägewerks meiner Eltern entdeckt. Meine erste Tüftelei war keine Schularbeit, kein nachgemachter Versuch aus dem Lehrbuch, sondern eine praktische Notwendigkeit. Ich besaß als kleiner Bub ein Grammophon, dessen Antrieb aber defekt war. Und in den 40er-Jahren des 20. Jahrhunderts war es für einen Jungen aus einem Schwarzwalddorf unmöglich, die nötigen Ersatzteile zu besorgen. Um Musik hören zu können, musste ich die Schallplatte deshalb mit den Fingern drehen.

Ich begann, mir Gedanken über eine mechanische Antriebsmöglichkeit des Grammophons zu machen. Am Ende dieser Überlegungen hatte ich schließlich eine Turbine gebaut, die mein Grammophon allein mit Wasserkraft betrieb. Bis heute denke ich glücklich daran zurück, wie ich vor Jahrzehnten am Bach saß und Musik hörte – es war mein erstes und vielleicht bis heute größtes Erfolgserlebnis. Und schon diese erste Erfindung erscheint mir charakteristisch für mein Leben: Mir ging es nie darum, reich zu werden oder gar berühmt. Ganz im Gegenteil, ich war stets bescheiden und tüftelte in erster Linie, um meine eigene Neugier zu befriedigen.

Am 15. April 1930 war ich dort geboren worden, wo andere Menschen Urlaub machen: in der kleinen Schwarzwaldgemeinde Nordrach.

Das Dorf zählt heute knapp 2.000 Einwohner und liegt ohne Bahnanschluss recht abgeschieden vom Rest der Welt. Die Luft in diesem Ort ist so rein, dass die Gemeinde mit dem

Prädikat »Luftkurort« für sich wirbt und sich einen Ruf als »badisches Davos«, als Wander- und Naturparadies errungen hat. Meine eigene Welt war in der Kindheit noch beschränkter und noch abgeschiedener, als es dem Besucher meines Heimatortes heute erscheinen wird. Mein Elternhaus steht mehrere Kilometer von der Dorfmitte entfernt im Ortsteil Kolonie,[1] wo meine Eltern Zäzilia und Ludwig Junker eines der größten von damals insgesamt elf örtlichen Sägewerken betrieben. Ich war das zweite Kind und der älteste Sohn in einer Familie mit fünf Kindern.

Die damaligen Lebensbedingungen sind von den heutigen natürlich sehr verschieden; heute erscheint mir vieles unverzichtbar, wovon ich als Kind nicht einmal zu träumen gewagt hatte. Kaum ein deutscher Jugendlicher kann sich heute zum Beispiel noch vorstellen, was es heißt, in einem Dorf zu leben, in dem es keine öffentliche Stromversorgung gibt. Wir hatten – als sehr fortschrittliches Dorf! – damals vier mit Wasserkraft betriebene Energiekraftwerke im Ort, von denen das erste bereits vor Ausbruch des Ersten Weltkrieges in Betrieb genommen wurde. In den ersten Jahrzehnten des 20. Jahrhunderts kam eine solche Errungenschaft in einer kleinen Gemeinde wie unserer einer Sensation gleich. Allerdings war die Leistung des Kraftwerks recht schwach. Es wurden nur 150 Volt Gleichstrom geliefert, die oft von einer einzigen Landwirtschaftsmaschine aufgebraucht wurden. Wenn ein Bauer in einigen Kilometern Entfernung sein Korn drosch, konnten wir zu Hause kein Licht mehr anschalten.

---

1 – Der Nordracher Ortsteil Kolonie war ursprünglich eine Ansiedlung des Klosters Gengenbach. Der damals gebräuchliche Name blieb bis heute erhalten.

Doch meine Familie war ein gutes Zuhause. Vor allem zu meiner Mutter hatte ich eine starke Bindung, und ich bewundere sie bis heute. Sie arbeitete Tag für Tag mehr als 16 Stunden, kochte und wusch nicht nur für die ganze Familie, sondern auch für die zehn Arbeiter im Sägewerk. Daneben half sie täglich im Betrieb aus. Obwohl meine Mutter also sehr wenig Zeit hatte, brachte sie doch viel Kraft und Geduld für uns Kinder auf. Ich bin ihr heute sehr dankbar für die vielen Eigenschaften, die sie mir vererbt hat, für die vielen wichtigen Dinge, die ich von ihr lernen konnte und vor allem für ihre Liebe, die ich so viele Jahre lang tief gespürt habe.

Mein Vater dagegen kannte nur eines: die Arbeit, bei der auch wir Kinder immer mit eingespannt wurden. Sobald meine Geschwister und ich körperlich in der Lage waren, auch nur eine Kleinigkeit zu tun, hatte mein Vater Aufgaben für uns zu erledigen: die Mädchen in der hauseigenen Landwirtschaft, die Buben im Sägewerk. Seit ich denken kann, habe ich gearbeitet. Wenn ich mittags von der Schule nach Hause kam, dann war schon beschlossen, wo unsere Hilfe am Nötigsten war, und nach dem Mittagessen ging es sofort ans Schaffen – an Schulaufgaben war nicht zu denken. Lernen konnten wir nur abends, und so fielen wir jeden Abend todmüde ins Bett, um uns am Morgen in aller Frühe wieder auf den Weg zur Schule zu machen.

Weil das Nordrachtal sich über mehr als zehn Kilometer Länge erstreckt, gab es trotz der geringen Einwohnerzahl zwei Schulen im Ort, denn Verkehrsverbindungen gab es damals so gut wie gar keine und den Schülern aus dem Hintertal wäre es unmöglich gewesen, täglich in die Dorfschule zu kommen. Ich besuchte deshalb die Schule im Ortsteil Kolonie. Doch auch der Weg dorthin war beschwerlich. Jeden Tag musste ich eine Stunde lang zu Fuß gehen, zu jeder Jahreszeit, bei jeder Witterung. Wir hatten damals in der kleinen Kolonie-Schule nur einen einzigen Lehrer für alle Schulklassen. Er stammte aus Steinach, einer rund 30 Kilometer entfernten Ortschaft, wo er am Wochenende mit seiner Familie wohnte. Jeden Montagmorgen kam er auf dem Fahrrad zu uns ins Nordracher Hintertal und wohnte dann unter der Woche im Schulhaus.

Ein richtiger Lehrer war der Mann nicht. Ich habe ihn vielmehr als unfähigen Rentner in Erinnerung, der uns Kindern nichts wirklich beibringen konnte. Wobei, vielleicht tue ich ihm Unrecht: Der alte Mann musste vormittags die Klassen 5, 6, 7 und 8 unterrichten, nachmittags folgten die Klassen 1, 2, 3 und 4. Dies wäre auch für einen jungen Lehrer kaum machbar gewesen. Wir waren in meiner Klasse immerhin 16 Schüler, damit war das kleine Klassenzimmer auch schon vollständig belegt. Weil aber vier Klassen gleichzeitig von einem Lehrer unterrichtet wurden, wurden so viele weitere Bänke in das kleine Zimmer gestellt, bis alle 60 Schüler darin Platz hatten. Es waren unmögliche Zustände.

Für unseren Lehrer bestand das Hauptziel des Unterrichts darin, den unfähigsten Schülern wenigstens ein Minimum beizubringen. Das mag grundsätzlich eine gute Herangehensweise sein, doch ich habe dadurch einen beträchtlichen Schaden davongetragen. Als talentiertes Kind wurde ich vollkommen vernachlässigt und vom Lehrer nie gefördert. Damals fand ich diesen Zustand natürlich nicht weiter schlimm, denn ich wusste noch nichts von den Herausforderungen meines späteren Lebens. Ich freute mich auch, wenn im tiefen Winter kein Holz zum Heizen vorhanden war und wir schulfrei bekamen. Eine Ungeheuerlichkeit, finde ich heute. In Nordrach mag es früher an vielem gemangelt haben, aber

Holz gab es in unserem Schwarzwalddorf immer mehr als genug. Dass die Schule oft kalt blieb, war die Verantwortung des Bürgermeisters, der immer nur mit seiner SA-Uniform und in seinen braunen Stiefeln herumstolzierte. Wegen seiner Unfähigkeit und weil immer wieder Soldaten in unserem Klassenzimmer einquartiert wurden, fiel der Unterricht zwei- bis dreimal pro Jahr für mindestens eine Woche aus. Als Bub beklagte ich mich nie darüber, sondern ich freute mich, sowie sich wohl noch heute jedes Kind freut, wenn die Schule ausfällt.

Nur, am Ende mussten wir Schüler die hohe Rechnung für die Versäumnisse bezahlen. Nach acht Jahren verließ ich die Volksschule im Frühsommer 1944 mit einem Wissen, über das heute ein Schüler schon im vierten Schuljahr verfügt. Ich hatte mir am Ende meiner Schullaufbahn gerade einmal die allernötigste Bildung angeeignet – das Niveau, mit dem man nichts weiter als nur die Grundlagen für eine weiterführende Schule erworben hat. Hinzu kam, dass es in meinem Elternhaus keine Regale voller Wissen gab, keinen Duden und keine Sachbücher oder Romane, sondern allenfalls eine zerlesene Bibel.

Auf dem Land waren Zeiten und Menschen damals anders: Meine Eltern betrieben sehr erfolgreich ein Sägewerk, waren also auch ohne akademische Bildung sehr befähigte und kluge Menschen. Es gelang ihnen, den Betrieb sicher durch die zweimalige Geldentwertung 1923 und 1948 zu manövrieren. Mein Vater hatte schon als 17-Jähriger im Ersten Weltkrieg gedient und daher keinerlei Möglichkeit besessen, sich schulische Bildung anzueignen in der Art, wie wir sie heute kennen. Und auch bei mir selbst sollte noch einige Zeit vergehen, ehe ich den Ernst des Lebens wirklich begriff und wusste, welche Bürde die fehlende Schulbildung für mich bedeutete.

2

Drei Jahre nach meiner Geburt kam Adolf Hitler in Berlin an die Macht, und als ich gerade in die dritte Klasse ging, brach im September 1939 mit dem Überfall Deutschlands auf Polen der Zweite Weltkrieg aus. Es war die dunkle Zeit des Nationalsozialismus in Deutschland, und gerne würde ich berichten, dass mein kleines Schwarzwalddorf Nordrach auch in dieser Zeit eine idyllische Gegend abseits der großen Politik gewesen wäre. Doch selbst hier standen sonntags nach dem Gottesdienst 100 Mann stramm auf dem Kirchplatz: die örtliche SA.

Es gab die NS-Frauenschar, den Bund Deutscher Mädel und die Hitlerjugend. Unser Bürgermeister Ludwig Spitzmüller (dessen Sohn Kurt später Karriere als Bundespolitiker machen sollte und es bei den Freien Demokraten bis zum Parlamentarischen Geschäftsführer brachte) war ein bis ins Mark überzeugter Nationalsozialist. Es gab in der Gemeinde sogar ein Schulungszentrum, in dem Hitlerjungen ausgebildet und gedrillt wurden. Außerdem wurde ein 1905 von Baronin Rothschild gegründetes Sanatorium für jüdische weibliche Lungenkranke im Ort enteignet, und man richtete in dem Gebäude unweit der Kirche ein sogenanntes Lebensbornheim ein, in dem die blonden Frauen deutscher Soldaten Nachwuchs für das Reich zur Welt brachten. Auch mein Vater konnte sich dem Zugriff der Nazis nicht ganz entziehen. Er wollte als Sägewerksbesitzer Geschäfte machen, und das war damals nicht ohne eine zumindest heuchlerische Nähe zum Nationalsozialismus möglich.

Ich bin stolz darauf, dass mein Vater seine Ehre und sein Rückgrat auch in diesen Jahren behalten hat. Während des

Kriegs arbeiteten zwei polnische Kriegsgefangene in unserem Sägewerk, die wir wie ganz normale Arbeiter behandelten. Eines Abends kam Bürgermeister Spitzmüller während unseres Abendessens zur Küchentür hereingestürmt und rief wütend: »*Wie kann es sein, dass die Ausländer mit der Familie zusammen essen?*« Mein Vater blieb ruhig und antwortete: »*Die beiden arbeiten mit uns und essen mit uns, egal ob dir das gefällt oder nicht.*« Kaum war der Bürgermeister wieder verschwunden, setzte sich mein Vater sofort ans Telefon und rief einen Bauern an, von dem er wusste, dass bei ihm ebenfalls polnische Gefangene arbeiteten. Er wollte den Nachbarn warnen und ihm Bescheid geben, dass der Bürgermeister wohl bald auch bei ihm auftauchen und sich beschweren würde.

Ich selbst wurde wie jeder deutsche Junge zwangsläufig Mitglied der Hitlerjugend. Begeistert habe ich mich dafür aber nie. Zum einen war ich immer ein skeptischer Mensch, der nicht sofort blind dem Ruf eines anderen folgte. Zum anderen aber – und das dürfte hier der schwerwiegendere Grund sein – war ich an irgendwelchen Sportwettbewerben nie interessiert. Und bei der Hitlerjugend drehte sich nun einmal alles um Sport, deshalb drückte ich mich so gut es nur ging.

Meine Welt war eine andere. Ich habe ja schon erzählt, wie ich als Bub den Turbinenantrieb für mein Grammophon gebaut hatte. Und im schweren Kriegsjahr 1942 hatte ich mir eine neue Idee in den Kopf gesetzt, die mir viel öfter den Schlaf raubte als Krieg und Nazis das konnten: Ich wollte ein Perpetuum mobile bauen. Die Wissenschaft wusste schon damals, dass ein Perpetuum mobile – eine Konstruktion, die, einmal in Bewegung gesetzt, ewig in Bewegung bleiben sollte – aus physikalischen Gründen nicht existieren kann. Ich allerdings lebte fernab der Universitäten, hatte keine erfahrenen Lehrer und keine Bücher, in denen ich mir das nötige theoretische

Wissen über Mechanik hätte aneignen können. Und so saß ich stundenlang im Bienenhaus meines Großvaters und jagte tüftelnd meinem Wunschtraum nach. Ich könnte noch heute aufzeigen, welche Konstruktion ich mir damals zusammengebaut hatte. Und ich weiß auch noch genau, wie erstaunt ich jedes Mal war, wenn dieses Ding immer wieder stehenblieb.

Doch diese Geschichte war leider keine typische für meine Erlebnisse in den Kriegsjahren. Es sind andere Erinnerungen und Bilder, die sich aus jenen Tagen in mein Gedächtnis eingruben. Ich denke zum Beispiel noch oft daran zurück, wie Albert Bildstein, der vor dem Krieg im Sägewerk meiner Eltern angestellt gewesen war, nach Nordrach heimkehrte. Im Russlandfeldzug waren ihm die Zehen abgefroren, die daraufhin hatten amputiert werden müssen. Man schickte ihn zurück in die Heimat, und er kam zurück in unser Dorf und zum Anwesen meiner Eltern. Oft erzählte er mir von seinen Kriegserlebnissen, zum Beispiel davon, wie die Soldaten von Jagdbombern mit Bordkanonen beschossen wurden und wie mancher Kamerad im ersten Schockzustand nach einem solchen Angriff gar nicht bemerkte, dass ihm die Füße abgeschossen worden waren.

Diese Erzählung hatte ich im Kopf, als ich eines Tages mit Albert zusammen einen Baum auf dem Grundstück meiner Eltern fällen sollte und sich plötzlich mit lautem Krach Jagdflieger über uns näherten. Gerade in den letzten Kriegsjahren flogen über Nordrach – das Dorf liegt nur rund 50 Kilometer von der französischen Grenze entfernt – am laufenden Band Jagdflieger. Die Schützen schossen auf alles, was sich am Boden bewegte. Albert rief mir zu: »*Erwin, renn schnell, da drüben ist ein Graben!*« Ich rannte um mein Leben, und Albert warf sich neben mich. Die Jäger beschossen uns; eine Bordgranate schlug keine zwei Meter neben uns in den Boden ein. Als die Flieger sich entfernten, fasste ich an meine Füße um mich zu vergewissern, ob ich sie noch hatte. Die dauernde Angst um meine Füße, war ein Trauma meiner Jugendzeit, das ich nie werde vergessen können.

Im Frühjahr 1944 wurde ich von der Hitlerjugend zum Bau von Schützengräben eingezogen. Man brachte mich mit den anderen Hitlerjungen zunächst nach Hofweier bei Offenburg, wo wir Schützengräben und Panzersperren bauen mussten. Später wurden wir nach Achern verlegt, wo wir in der schlossähnlichen Anlage Illenau untergebracht wurden. Jahrzehntelang waren dort in einer renommierten Anstalt Geisteskrankheiten behandelt worden, die Patienten waren zumeist Adelige gewesen, die aus ganz Europa nach Achern kamen. Unter Hitler aber wurden alle psychisch Kranken verschleppt und getötet.

Ich erinnere mich noch ganz genau, wie wir erst mit dem Zug nach Achern fuhren und dann in die Illenau marschierten. Fast alle Häuser an der Acherner Hauptstraße waren zerbombt und zerstört – für uns junge Burschen aus Nordrach ein schwerer und bleibender Eindruck. Nachts schliefen wir 14-Jährigen in einem riesigen Saal der Illenau auf Strohmatten. Tagsüber war es unsere Aufgabe, Schützengräben auf der Strecke Richtung Sasbachwalden zu bauen. Schon morgens, während wir zur Arbeit marschierten, flogen täglich die Bomber über unseren Köpfen. Und wir wussten nur zu gut, dass ihre Bordwaffen uns erfassen konnten. Mindestens fünfmal täglich flüchteten wir in den Wald und legten uns auf die Erde, wenn die Tiefflieger kamen.

Wenn ich heute im Auto von Achern nach Sasbachwalden fahre, denke ich immer noch jedes Mal an dieses »Abenteuer«, das wir als junge Burschen erlebten. Und jedes Mal spüre ich die Furcht in mir wieder aufsteigen, mit der ich damals Tag und Nacht lebte. Es war die Angst ums nackte Überleben.

3

Das Kriegsende 1945 hat sich tief in mein Gedächtnis eingegraben. Ich könnte immer noch aus dem Gedächtnis aufzeichnen, wie die ganze Familie mit einem französischen Offizier in der Küche hockte und Apfelmost [2] trank. Alle waren dabei und saßen zusammen um den großen Tisch: meine Großmutter, mein Vater, meine Mutter und wir Kinder. Ich war damals zu jung, um voll und ganz zu verstehen, was vor sich ging. Ja, ich weiß nicht einmal mehr, wie meine Eltern, die keine Fremdsprachen beherrschten, mit dem Franzosen überhaupt kommunizieren konnten; vielleicht sprach er Deutsch. Aber ich habe nicht vergessen, dass der Offizier dem angebotenen Most zunächst nicht traute – er ließ zunächst meinen Vater aus dem Glas trinken, bevor er es selbst an die Lippen führte.

Meine Eltern waren stets sehr gastfreundliche Menschen, die einen Fremden in ihrem Haus willkommen hießen. Diese Gastfreundschaft hat sich häufig ausbezahlt, vor allem aber an diesem Tag, als die Franzosen kamen. Denn der hohe Besuch in der Küche verschonte unser Haus vor Plünderungen und womöglich sogar Vergewaltigungen: Mancher französische Soldat kam in unser Haus, doch sobald er den Offizier am Küchentisch erblickte, grüßte jeder von ihnen nur kurz und verschwand wieder ins Freie.

Für Kinder wie mich war das Datum der Befreiung ein sehr beeindruckender und bemerkenswerter Tag. Wir hatten

---

2 – Als Most wird allgemein durch Keltern gewonnener Fruchtsaft bezeichnet.

die Truppen der deutschen Kriegsgegner seit Wochen erwartet, bis sie schließlich den Berg herabkamen. Das Erste, was ich von ihnen sah, war, dass sie Hühner einfingen und mit bloßen Händen töteten – indem sie ihnen den Kopf abrissen. Die meisten Soldaten, die in unsere Gemeinde kamen, waren muslimische Marokkaner. Sie hatten eine dunkle Hautfarbe und manche Gewohnheit, die uns damals absurd erschien. Ich hatte noch nie zuvor Menschen anderer Herkunft gesehen, und ich blickte die Marokkaner mit großen, neugierigen Augen an.

Das Kriegsende war für meine Familie wie auch für die meisten anderen in unserem Dorf eine echte Befreiung. Mein Vater, der wie viele Deutsche in den ersten Kriegsjahren noch zu Hitler und dem deutschen Krieg gestanden hatte, war seit dem Scheitern in Stalingrad entschieden der Meinung gewesen, dass nichts mehr zu gewinnen war und das Weiterführen des Krieges nur Not und Leid für die Deutschen bedeutete. Ähnlich dachten die meisten unserer Nachbarn – das Kriegsende wurde in Nordrach mit großer Freude aufgenommen. Endlich gab es keinen Alarm und keine Sirenen mehr, endlich konnte jeder wieder seiner Arbeit nachgehen. So wich die große Angst vor dem Sterben der großen Anstrengung, das Zerstörte wieder aufzubauen und das Verlorene wieder zurückzugewinnen.

Die ersten Jahre nach dem Krieg waren aber beileibe keine leichte Zeit. Erneut stand harte Arbeit auf dem Plan, und die Aufgaben zu meistern, war noch um ein Vielfaches schwerer als vor dem Krieg. In der Landwirtschaft und im Sägewerk fehlten wichtige Arbeitskräfte, denn Nordrach hatte zahlreiche Vermisste und Verwundete zu verzeichnen. Außerdem gab es zunächst keine harte Währung, in der die Geschäfte hätten abgewickelt werden können. Auf dem Land entwickelte sich ein Tauschhandel, und auch uns blieb nichts anderes übrig als Holz gegen Lebensmittel einzutauschen.

Auch sonst änderte sich vieles. Die Franzosen verhafteten den Nordracher Bürgermeister Ludwig Spitzmüller wegen seiner nationalsozialistischen Überzeugungen und bestimmten einen unbescholtenen Bürger zum neuen Oberhaupt der Gemeinde. Viel zu sagen hatte der allerdings nicht: Alle wichtigen Entscheidungen wurden von der französischen Kommandantur in der nahegelegenen Kleinstadt Zell am Harmersbach getroffen. Dort war ein Zeller Mädchen als Verwalterin angestellt – und diese junge Frau wurde stets umlagert, da nur sie über Kenntnisse darüber verfügte, welche Gedankenspiele es in der Kommandantur gab und welche Entscheidungen anstanden oder welche Entwicklungen für die nahe Zukunft wahrscheinlich waren.

In einer Lungenheilanstalt unweit meines Elternhauses wurden nach dem Krieg lungenkranke Franzosen behandelt, und im ehemaligen Rothschild-Sanatorium im Ortskern richteten Amerikaner ein Hospital ein. Die Amerikaner waren uns viel lieber als die Franzosen. Denn während sich die Franzosen häufig in Kneipenschlägereien verwickelten, bei denen sie stets ungeschoren davonkamen, erwiesen sich die Amerikaner als unbescholtene Männer. Unter ihnen waren auch einige Farbige, die sich einen Spaß daraus machten, im kleinen Bach (der genau wie der Ort, den er durchfließt, Nordrach heißt) auf Forellen zu schießen. Durch den enormen Wasserdruck trieben nach jedem Schuss vier oder fünf Fische tot an der Wasseroberfläche, die wir Kinder mit nach Hause nehmen durften.

4

Für meinen Vater war der Erhalt des Sägewerks natürlich die dringlichste Aufgabe nach dem Krieg, und es war ausgemachte Sache, dass ich als ältester Sohn den Betrieb übernehmen sollte. Zwar hatte ich schon damals wenig Interesse am Holzgeschäft, und in meinem Kopf setzte sich mehr und mehr die Gewissheit durch, dass ich nichts anderes als Mechaniker werden wollte. Doch das war in der ersten chaotischen Zeit nach dem Krieg keine Option. Denn im Sägewerk gab es jede Menge Arbeit und keine Leute, die sie erledigen konnten. Viele Männer waren im Krieg gefallen, andere waren in Gefangenschaft – und die osteuropäischen Ausländer, die in den Kriegsjahren bei uns gearbeitet hatten, kehrten in ihre Heimatländer zurück.

So war ich im Sägewerk oft ganz allein, nur nachmittags halfen mir meine jüngeren Brüder, wenn sie aus der Schule zurückkehrten. Die schweren Baumstämme zu bewegen war eine regelrechte Schinderei. Doch obwohl die Arbeit hart war, gab es doch auch wertvolle Momente für mich. Zum Beispiel konnte ich oft Reparaturarbeiten an den Sägewerksmaschinen übernehmen und mich dabei als Tüftler probieren. Und ganz nebenbei lernte ich bei den Tätigkeiten auf dem Sägewerk – durch praktische Erfahrung, nicht aus Büchern –, dass die Erde sich dreht und es eine Anziehungskraft gibt. Davon hatte ich in der Schule nie ein Wort gehört. Ich begann, auf meinen Vater einzureden, er möge mir doch bei der Suche nach einer Lehrstelle behilflich sein. Doch er blieb zunächst stur, und es kostete mich eine Menge Überzeugungskraft, ihn zwei Jahre später schlussendlich von meinem Berufswunsch zu überzeugen.

Zu Hilfe kam mir dabei, dass mein zwei Jahre jüngerer Bruder Ludwig, als er 1946 die Volksschule abschloss, großes Interesse an der Holzwirtschaft und damit am Sägewerk entwickelte. So gab es für meinen Vater trotz meines Unwillens die Möglichkeit, das Unternehmen an einen der Söhne weiterzugeben und die Familientradition zu erhalten. Der Betrieb war schon im 19. Jahrhundert von meinem aus Bad Peterstal stammenden Urgroßvater Michael gegründet worden – zunächst noch mit einem Teilhaber, der von meinem Großvater Ludwig aber wenige Jahre später ausbezahlt worden war.

Mein Vater hatte das Sägewerk 1934 übernommen und in der dritten Generation geführt. Der Betrieb war für ihn der Mittelpunkt seines Lebens, und er führte die Geschäfte sehr gewissenhaft. Ich erinnere mich daran, dass er mit seinem Geld stets sehr gut haushielt. Wenn ich ihn Jahre später, als ich schon ein erfolgreicher Unternehmer war, zum Essen einlud, dann wählte er auf der Speisekarte stets preisgünstige Gerichte – und wenn ich für ihn ein teureres Mahl bestellte, dann konnte ihm das gute Essen einfach nicht schmecken, da es ihm so vorkam, als würde er hart verdientes Geld einfach verschwenden.

Mein Bruder Ludwig übernahm das Sägewerk schließlich 1974 und führte es mehr als zwei Jahrzehnte lang im Sinne meines Vaters weiter. Vor einigen Jahren übergab er den Betrieb an seinen ältesten Sohn, meinen Neffen Dieter, der das Sägewerk mit neuen Ideen und Visionen in das 21. Jahrhundert geführt hat. Noch ist es zu früh zu sagen, ob auch er in Zukunft Erfolg haben wird. Aber ich denke, dass auch in ihm die Veranlagungen stecken, die meine Familie über die Jahre stark gemacht haben: die Geschäftstüchtigkeit meines Vaters Ludwig und der Erfindungsreichtum meiner Mutter Zäzilia.

Denn ich bin überzeugt davon, dass ich meine Fähigkeit zum Umdenken und zum Erdenken neuer Anwendungen und Verfahren von mütterlicher Seite geerbt habe. Meine Mutter stammt vom heutigen Bächlehof auf den Schottenhöfen, einem ebenso hoch- wie abgelegenen Ortsteil meines Heimatdorfes. Ihre Familie kam ursprünglich aus Fischerbach im Kinzigtal, wo sie eine Reihe von unkonventionellen Tüftlern hervorgebracht hatte. Ein Cousin meiner Mutter beispielsweise, der Haslacher Alfred Prinzbach, beriet meine Heimatgemeinde in der Nachkriegszeit in richtungsweisenden Energiefragen. Er schlug unter anderem vor, den im Dorf benötigten Strom von einem großen Elektrizitätswerk einzukaufen, anstatt weiterhin auf die örtlichen Stromquellen mit geringer Leistung zu setzen. Und Prinzbachs Sohn konzipierte ein Wasserkraftwerk, das er sich patentieren ließ und das bis heute am Haslacher Ortsausgang in Richtung Hausach zu sehen ist.

Zum Stichwort Wasserkraft fällt mir noch eine andere Begebenheit ein: Als mein Bruder Ludwig 1974 das elterliche Sägewerk übernahm, zahlte er allen Geschwistern einen Erbanteil aus. Jeder Erbe erhielt 20.000 Mark, auf die ich aber verzichtete. Ich verdiente Anfang der 1970er-Jahre schon gut, war auf das Geld deshalb nicht angewiesen und bat Ludwig stattdessen, er möge mir das Wasserrad des Sägewerks überlassen, falls es eines Tages nicht mehr zum Betreiben der Säge nötig sein sollte. Diese Vorstellung erschien den meisten Leuten damals utopisch – doch schon wenige Jahre später reichte der Wasserradantrieb tatsächlich nicht mehr für das Sägewerk aus.

So kam ich in den Besitz des Wasserrades aus meinem elterlichen Betrieb. Ich ließ es an der zuvor mit einer Turbine betriebenen kleinen Mühle anbringen, in deren Gebäude ich meine Maschinenfabrik gründete. Zum 25-jährigen Bestehen meines Unternehmens im Jahre 1987 wurde das Rad saniert und dreht sich seither unermüdlich. In meinem Heimatdorf kommentierten das viele Bürger mit dem Satz: »*Bei Junker dreht sich alles.*«

5

Zwei Jahre nach dem Ende des Zweiten Weltkrieg schaffte ich es 1947 endlich, meinen Vater davon zu überzeugen, dass meine Zukunft nicht in der Holzwirtschaft liegt. Er half mir sogar bei der Suche nach einer Lehrstelle, und ich wurde schnell fündig. Als ich meine Lehre antrat, war ich siebzehneinhalb Jahre alt – und damit gehörte ich schon längst nicht mehr zu den Jüngeren unter den Lehrlingen. Seit meinem Volksschulabschluss waren bereits drei Jahre vergangen, und das spärliche Wissen aus der Volksschule hatte ich über der Arbeit in den ersten Nachkriegsjahren nahezu komplett vergessen. Mein Bildungsstand war eine Katastrophe.

So stand ich am 1. September jenes Jahres in der Offenburger Gewerbeschule: ein Bursche aus dem 40 Kilometer entfernten Dorf Nordrach, der kaum Kleider zum Anziehen hatte und nicht einmal die einfachen Rechenarten beherrschte. Selbst mit dem Schreiben hatte ich Probleme, hatte ich doch in der Schule vier Jahre lang die Sütterlin-Schrift gelernt, bevor die lateinische Ausgangsschrift eingeführt worden war. Die beherrschte in Nordrach damals nicht einmal der Lehrer! In der Gewerbeschule musste ich aber wohl oder übel lernen, mit der Blockschrift umzugehen.

In meinen bisherigen Lebensjahren hatte ich nie an meinen Fähigkeiten gezweifelt, wurde ich doch in Nordrach stets als einer der Klügsten angesehen. Entsprechend war ich am ersten Schultag auch mit großen Erwartungen in den Zug nach Offenburg gestiegen. Dort angekommen stand ich aber auf verlorenem Posten. Die meisten meiner Mitschüler waren jünger als ich und brachten trotzdem vielmehr Vorwissen mit. Ich hatte ja kaum einmal mit Stadtmenschen geredet! Der erste Tag in der Gewerbeschule bedeutete für mich einen totalen Absturz und mit die schwersten Stunden meines Lebens. Aber ich stellte mich der Herausforderung.

Da es damals keine Verkehrsverbindungen nach Nordrach gab, bezog ich zusammen mit meinem Cousin Josef Bächle ein spärlich eingerichtetes kleines Zimmer in Zell am Harmersbach. Zu meinem großen Glück war dieser Cousin ein sehr guter Mathematiker und hatte während des Krieges als Prüfmeister bei der Luftwaffe gearbeitet. Er nahm sich meiner an und brachte mir abends, wenn wir allein in unserem Zimmer waren, das Rechnen und die Verwendung des Rechenschiebers bei.

Ich entwickelte einen heute fast unvorstellbaren Wissensdurst, lernte Tag und Nacht und kam in meiner gesamten Lehrzeit nicht ein einziges Mal zu spät in den Betrieb oder zum Unterricht. Und das, obwohl ich immer noch 40 Kilometer von der Schule entfernt wohnte und an den Schultagen morgens eine Stunde mit dem Zug fahren musste! Die Waggons waren am frühen Morgen so überfüllt, dass wir jungen Männer oftmals keinen Stehplatz mehr im Innern fanden und auf einer Plattform vor der Waggontür ausharren mussten. So ging es dann mit dem Zug durch die eisige Kälte. Ich erinnere mich daran, dass ich an manchem Morgen erst eine Stunde lange meine verfrorenen Finger massieren musste, bevor ich schreiben konnte.

Mindestens ebenso wichtig wie der theoretische Unterricht in der Schule war natürlich die praktische Ausbildung beim Mechanikermeister Wilhelm Gießler in der Firma Haas in Zell am Harmersbach. Der Unternehmensgründer war damals schon verstorben, der Betrieb befand sich aber noch im Besitz der Familie Haas und hatte deshalb ihren Namen behalten. Meister Gießler wurde von allen nur »Haas-Wilhelm« genannt, und ich glaube, im ganzen Ort wusste kaum jemand, dass er mit Nachnamen eigentlich Gießler hieß. Der Betrieb hatte nur drei Angestellte und mit einem schlechten Ruf zu kämpfen, was nicht zuletzt an Gießlers unkonventionellem Lebensstil lag.

Er lebte wie ein Einsiedler und hatte so einige Macken, zum Beispiel zündete er den Tabak in seiner Pfeife immer mit einem Schweißbrenner an. Das klingt an sich schon kurios genug; allerdings muss man wissen, dass sich die damals gebräuchlichen Schweißbrenner von den heutigen deutlich unterschieden. In der Werkstatt stand ein mit Wasser gefüllter Kessel von einem knappen Meter Durchmesser. Das Wasser wurde mit Carbid in Verbindung gebracht, wobei in einer chemischen Reaktion das brennbare Gas Azetylen entstand. Wilhelm Gießler nun hatte sich einen kleinen Griff an einen Boschmagneten von einem alten Motorrad montiert – und sobald er daran drehte, entstand an einer an den Boschmagneten angeschlossenen Zündkerze ein Funken, mit dem er einen Schweißbrenner entzündete. Diesen wiederum benutzte Gießler, um den Tabak in seiner Pfeife anzustecken. Wer ihn bei diesem Vorgang beobachtete, musste ihn unweigerlich für einen Spinner halten – für einen kreativen Spinner aber.

Die Werkstatt bei Haas machte immer einen recht unordentlichen Eindruck, und die vorhandenen Maschinen waren allesamt simple Dreh- oder Hobelmaschinen ohne die heute üblichen Skalen oder ähnliche Zusätze, die später selbstverständlich geworden sind. Aber das hatte auch seine Vorteile: Im Gegensatz zu manchem anderen Lehrling, der in einer großen Lehrwerkstatt nur stur Aufträge zu erfüllen hatte und nach Plänen arbeiten musste, genoss ich einige Freiheiten. In der kleinen Firma Haas musste viel ausprobiert und dauernd improvisiert werden. Das kam meinem Erfindergeist sehr entgegen, und Wilhelm Gießler mit seinem unerschütterlichen Gemüt brachte mir überdies bei, nie den Weg des geringsten Widerstands zu gehen und keinesfalls vor einem technischen Problem zu kapitulieren.

Oft saßen wir eine ganze Nacht lang da und werkelten ergebnislos an einer Turbine herum, bis wir irgendwann alle völlig entnervt und enttäuscht nach Hause gingen. Stets kam Gießler am nächsten Tag aber frohen Mutes in die Werkstatt, und meist war ihm nachts vor dem Einschlafen tatsächlich noch eine Lösung für unser Problem eingefallen. Ich war jedes Mal sehr beeindruckt von seinem Schaffen, und dieser Einfluss hat mir in meinem späteren Leben viel mehr geholfen als viele Lehrbücher es hätten können.

Eines der vielen Projekte, an denen ich damals zusammen mit meinem Lehrmeister arbeitete, war mein erstes eigenes Motorrad, an dem ich mit seiner Unterstützung viele Wochen lang herumschraubte. Gießler war ein passionierter Motorradfahrer, und auch ich brachte einiges an Begeisterung für das Vehikel mit, hatte ich doch stets meine Mutter dafür bewundert, dass sie in den Kriegsjahren mit einem Motorrad vom heimischen Sägewerk zu Besorgungen ins Dorf gefahren war. Ich kaufte mir also ein altes DKW-Motorrad mit Zwei-Gang-Getriebe, Baujahr 1928. Weil Benzin damals ebenso knapp wie teuer war und für mich als Lehrling unerschwinglich, baute ich den Benziner kurzerhand für den Betrieb mit Diesel-Öl um.

Unter dem Sattel montierte ich einen kleinen Ein-Liter-Tank für Benzin, das zum Start des Motors nach wie vor benötigt wurde. Nach etwa einer Minute konnte ich die Benzinzufuhr aber abschalten, und das Fahrzeug nutzte dann stattdessen das mittlerweile kochende Diesel-Öl, das aus einem am Auspuffrohr angeschweißten Behälter kam. Nun war die Motorleistung zwar deutlich vermindert, aber das Motorrad konnte immerhin fahren. Natürlich wurde ein solches Fahrzeug niemals zugelassen – mit gutem Grund, denn aus dem Auspuff paffte eine riesige Rauchwolke. Mein Cousin scherzte damals, ich könne nach dem Erreichen eines Fahrtziels unmöglich gleich zurückfahren: »*Du musst immer erst warten, bis sich der Rauch auf der Straße verzogen hat, Erwin!*«

Doch auch wenn mein Fahrzeug keine Zulassung hatte, war ich selbst doch bald stolzer Besitzer eines Führerscheins. Die theoretische Fahrprüfung fand bei meinen Eltern zu Hause im Wohnzimmer statt. Ein Gendarm kam von Zell am Harmersbach her auf dem Fahrrad gefahren und fragte mich über die Bedeutungen der Verkehrszeichen ab. Den »Lappen« in meinen Händen zu halten bedeutete für mich eine riesige Entlastung. Denn von nun an konnte ich am Freitagnachmittag mit dem Motorrad zu meinen Eltern fahren und musste die 15 Kilometer nach Hause nicht mehr wie bisher auf Schusters Rappen zurücklegen. Damals waren übrigens sehr viele Menschen zu Fuß unterwegs, denn auch Fahrräder waren nach dem Krieg knapp und entsprechend teuer. Ich habe bis heute Hühneraugen an meinen Zehen, die von den unzähligen Fußmärschen in meiner Jugend zeugen.

Als Mechaniker-Lehrling verdiente ich zum ersten Mal eigenes Geld, denn im heimischen Sägewerk war ich für meine Arbeit nie bezahlt worden. Mein Wochenlohn bei der Firma Haas belief sich auf zunächst fünf Mark, die im dritten

Lehrjahr verdoppelt wurden. Nach dem Abschluss der Lehre blieb ich noch für ein weiteres Jahr im Betrieb und bekam als Geselle 20 Mark pro Woche. Große Sprünge machen konnte ich als mittlerweile 20-Jähriger aber auch damit natürlich nicht. Vor allem wenn man bedenkt, dass ich mit meinen Kollegen üblicherweise zum Essen ins Gasthaus Bären ging und ein Mahl dort mittags wie abends eine Mark kostete. Ich kam mit meinem Gehalt gerade so über die Runden, und auch das nur dank meiner Eltern. Sie lieferten Schmalz, Kartoffeln und Sauerkraut von unserer Landwirtschaft an den Bären-Wirt, sodass dieser mich kostenlos frühstücken ließ.

Wenn ich an den Wochenenden in die Wohnstube meiner Eltern trat, konnte ich meiner Mutter die große Freude über die Heimkehr ihres ältesten Sohnes stets ansehen. Bevor ich am Sonntagabend nach Zell zurückkehrte, steckte sie mir jedes Mal etwas Speck und Brot zu. Die ganze Woche über war ich glücklich, wenn ich abends vor dem Schlafen noch ein kleines Stück Speck von daheim essen konnte.

6

Da die Firma Haas nicht in der Lage war, mir ein vernünftiges Gehalt zu zahlen,[3] entschied ich mich nach einem weite-

---

[3] – Um die Firma stand es finanziell sehr schlecht; nach dem Tod Wilhelm Gießlers wurde der Betrieb in den 1960er-Jahren aufgelöst. Die Tochter des Firmengründers nutzte die Betriebsräume später zum Aufbau der Arzneimittelfirma Klein, die noch heute existiert.

ren Jahr, den Betrieb zu wechseln. Ich bemühte mich um Arbeit bei der Firma Prototyp in Zell am Harmersbach, einem Hersteller von Gewinde- und Fräswerkzeugen. Die »Prototyp Werke Zell« waren schon damals einer der größten Arbeitgeber im näheren Umfeld, dem Beginn meiner Karriere in dem Unternehmen waren aber schwere Steine in den Weg gelegt. Der damalige Betriebsleiter Otto Meisel reagierte auf meine Bewerbung zunächst nur unwirsch: »*Was wollen Sie denn mit dem?*«, rief er dem Obermeister entgegen, der ihm von meiner Bewerbung berichtete. Meisel glaubte, ich hätte in dem »*Dreckladen*« Haas unmöglich etwas lernen können.

Doch glücklicherweise war das letzte Wort noch nicht gesprochen. Denn Obermeister August Semia-Martin, den wir alle immer »Seminati« nannten, legte ein gutes Wort für mich ein. Ein guter Mann könne auch in einem Dreckladen etwas lernen, sagte er, und »*der Junker*« habe beim »*Haas-Wilhelm*« sicherlich die eine oder andere Tüftelei mit angesehen und bringe eine Menge Erfahrung mit. Genauso war es, und davon ließ sich letztlich auch Betriebsleiter Meisel überzeugen. Am 1. November 1950 trat ich meine neue Stelle als Mechaniker-Geselle bei Prototyp an, wo rund um die Uhr in zwei 12-Stunden-Schichten gearbeitet wurde.

Das Geld wurde damals immer freitags ausbezahlt. Ich weiß noch gut, wie sehr ich mich darüber freute, als ich nach einem Jahr Betriebszugehörigkeit einen Fünfzigmarkschein erhielt statt wie zuvor zwei Zwanziger. Ich bekam einen Stundenlohn von 95 Pfennigen und verdiente bei 60 Stunden Arbeit pro Woche 50 Mark – das war fast das Dreifache des Gehalts, das ich bei Haas bekommen hatte. Ich glaubte, schon damit einen großen Erfolg gelandet zu haben. Ein richtiger Angestellter bei Prototyp wurde ich aber erst sieben Jahre später.

Meine ersten Jahre bei Prototyp waren sehr mühsam. Hatte ich in der Lehrzeit noch viel Bewegung während der Arbeitszeit gehabt, stand ich jetzt nur stundenlang an einer Maschine und erledigte monotone Arbeiten. Manchmal wachte ich nachts von den Krämpfen in meinen Beinen auf. Diese Situation war für mich alles andere als befriedigend, und ich suchte nach einer Aufstiegsmöglichkeit oder zumindest nach einer neuen Herausforderung. Eine Gelegenheit dazu tat sich auf, als man bei Prototyp per Aushang am Schwarzen Brett intern nach geeigneten Arbeitern für einen Wechsel in die Abteilung Maschinenbau suchte. Ich erkannte meine Chance, bewarb mich sofort und wurde kurz darauf versetzt.

In dieser Abteilung begann mein eigentlicher Erfolgsweg: Neben der Entwicklung eigener Gewindeschleifmaschinen war man dort auch für die Reparatur der bereits vorhandenen Maschinen zuständig. Bei der Suche nach Fehlern und Defekten an den Werkzeugmaschinen und beim Reparieren und Ausbessern derselben lernte ich die Konstruktionen unzähliger verschiedener Maschinen kennen und war im Umgang mit ihnen bald sehr geschickt. Immer häufiger fiel mir auf, welche Fehler die Konstrukteure gemacht hatten. Denn nur was falsch konstruiert war, ging häufig kaputt und landete bei mir in der Reparatur.

In der Maschinenbauabteilung hatte ich auch zum ersten Mal die Möglichkeit, meine eigenen Ideen zumindest ansatzweise umzusetzen. Ich entwickelte innerhalb kurzer Zeit meine erste eigene Maschine, mit der sich Schneideisen schleifen ließen. Zwar war diese Maschine noch sehr einfach konstruiert, doch sie brachte mir die Aufmerksamkeit des Betriebsleiters Hans Lieblein ein, der von nun an ein besonderes Augenmerk auf mich richtete. Wieviel dieses Wohlwollen wert war, konnte ich nur wenige Zeit später feststellen: 1956 übertrug man mir zu meiner Überraschung plötzlich und ohne vorherige Ankündigung die Leitung der Lehrwerkstatt. Der vorherige Lehrlingsmeister Ludwig Doll, der Jahre zuvor mein Schulkamerad in Nordrach gewesen war, war Tags zuvor fristlos entlassen worden, weil er die Lehrlinge für sich selbst statt für die Firma hatte arbeiten lassen und man ihm auf die Schliche gekommen war.

Von einem Tag auf den anderen war ich nun also für 50 Lehrlinge der »Meister«, noch ohne eine Meisterprüfung abgelegt, ja sogar ohne auch nur mit dem Meisterkurs begonnen zu haben. Mir fehlten also wertvolle Erfahrungen, und dies machte sich trotz meiner großen Anstrengungen bemerkbar. Obwohl ich nie offen kritisiert wurde, war mir selbst doch klar, dass ich kaum zum Lehrer tauge und das Vermitteln von Wissen an andere nicht eben meine größte Stärke ist.

Ungeachtet dessen brachte das große Vertrauen, das die Werksleitung mir ausspracht, einen ungeheuren Motivationsschub mit sich: Ich meldete mich noch im selben Jahr für einen Meisterkurs in der Abendschule an. Von Betriebsseite gab es für dieses Vorhaben keinerlei Unterstützung, allenfalls ein paar ermunternde Worte. Ich erhielt weder Arbeitserleichterungen noch finanzielle Beihilfen jedweder Art, noch nicht einmal eine Fahrtkosten-Erstattung, wie sie heute allgemein üblich ist. Vielmehr setzte ich mich nach getaner Arbeit am Abend Tag für Tag auf mein Motorrad und fuhr in die Gewerbeschule nach Haslach. Die Kursstunden begannen um 19 Uhr und dauerten bis abends zehn oder halb elf Uhr. Danach ging es bei Wind und Wetter auf dem Motorrad 18 Kilometer zurück nach Hause – und morgens machte ich mich in aller Frühe auf den Weg, um die zehn Kilometer Wegstrecke zu Prototyp noch pünktlich vor Arbeitsbeginn um sieben Uhr hinter mir lassen zu können.

Obwohl es mich eine Menge Mühe kostete, meine Defizite als Lehrkörper mit viel Fleiß auszugleichen, erinnere ich mich sehr gerne an die Jahre als Leiter der Lehrwerkstatt zurück. Unterstützt vom Betriebsleiter Lieblein ging ich zusammen mit den Auszubildenden neuartige Konstruktionen an und ließ meiner Phantasie freien Lauf. So entstanden nach und nach einige Maschinen, die zwar allesamt funktionstüchtig waren, aber noch keine echten Neuerungen brachten. Das änderte sich im siebten Jahr meiner Tätigkeit bei Prototyp, als ich eine Maschine konstruierte, die vollautomatisch Gewindebohrerspitzen schleifen konnte.

Bisher war es üblich gewesen, die Gewindebohrer in ein Backenfutter oder eine Spannzange zu spannen und dann unter Verwendung einer kleinen Schleifmaschine die Spitzen von Hand zu schleifen. Selbst ein geschickter Arbeiter konnte auf diese Art in einer Stunde nicht mehr als etwa 50 Spitzen schleifen. Meine Maschine dagegen brachte es auf eine Leistung von 700 geschliffenen Spitzen pro Stunde. Die Nachricht, dass ein einfacher Angestellter aus Nordrach eine Maschine gefertigt hatte, die zehnmal schneller arbeitete als ein Mensch, kam in meiner Heimat einer Sensation gleich.

Wohin ich auch kam, in jedem Gasthaus und in jedem Wohnzimmer wurde ich auf die Konstruktion angesprochen. Auch mein Vater, der mich in meinen Jugendjahren manches Mal als »Taugenichts« bezeichnet hatte, etwa als ich meine Turbine zum Grammophon-Antrieb baute, war nun erfüllt von Stolz auf seinen Sohn. Man begegnete mir von nun an überall mit Großem Respekt und hatte hohe Achtung vor meiner Leistung. Auch meine Vorgesetzten waren tief beeindruckt und übernahmen mich endlich in ein ordentliches Angestelltenverhältnis. Bei einem monatlichen Grundgehalt von 450 Mark konnte ich es mir nun sogar leisten, mein erstes eigenes Auto zu kaufen, einen gebrauchten VW Käfer.

Es sollte nur ein halbes Jahr vergehen, bis ich die nächste Sprosse auf der Karriereleiter erklomm. Zwischenzeitlich hatte ich so viele neue Ideen entwickelt, dass die Lehrwerkstatt zu klein war, um alle Konstruktionen zu verwirklichen. Betriebsleiter Lieblein beförderte mich deshalb kurzerhand zum Leiter der Abteilung, in der ich zuvor gearbeitet hatte: des Maschinenbaus. Von diesem Tag an waren mir mein früherer Meister und alle seine Mitarbeiter unterstellt. Ich war damals erst 27 Jahre alt, deutlich jünger als mein ehemaliger Vorgesetzter und auch jünger als die meisten meiner Kollegen. Es war kein leichtes Unterfangen, mit ihnen auf solider Basis zusammenzuarbeiten und ihnen Anweisungen zu erteilen, ohne darüber in Streit zu geraten. Doch mir gelang diese Gratwanderung ohne größere Schwierigkeiten – eine Leistung, auf die ich bis heute sehr stolz bin. Es mag damals zwar Neider in der Abteilung gegeben haben, doch meine Kompetenz wurde nie ernsthaft in Frage gestellt.

Vom ersten Tag an begann ich die Möglichkeiten zu nutzen, die sich mir als Abteilungsleiter boten. Ich verfügte über ein Potential von rund 60 mir unterstellten Mitarbeitern, Angestellten und Gesellen. Mit dieser Mannschaft forcierte ich nun meine eigenen Visionen im Maschinenbau und stellte innerhalb der nächsten zwei oder drei Jahre eine ganze Reihe neuer Maschinen fertig. Es handelte sich dabei um Schleifmaschinen, mit denen Prototyp alle anfallenden Schleifoperationen von Gewindebohrrohlingen vollautomatisieren konnte. Die Firma reagierte darauf mit der Schaffung einer neuen Abteilung eigens zur Entwicklung und zum Bau von Schleifmaschinen, deren Leitung mir ebenfalls übertragen wurde.

7

Mein Vater, so habe ich ganz zu Beginn dieser Lebensgeschichte geschrieben, kannte nur die Arbeit. Es ist natürlich nicht schwer, hier eine Verbindung zu mir selbst herzustellen: Auch für mich stand die Arbeit immer im Mittelpunkt meines Lebens, und nur wenn ich meine Aufgaben gewissenhaft erledigt hatte, gestattete ich mir selbst einmal eine Abwechslung. Aber natürlich führte ich trotz dieser Einschränkungen auch ein Privatleben. Im Jahr 1954 hatte ich auf dem Rückweg von einem Weinfest eine Rast in einer Gastwirtschaft eingelegt und dort die Wirtstochter Else kennengelernt, eine hübsche junge Frau, die ebenso aufgeweckt wie intelligent war und mein Herz im Sturm eroberte.

Im Rückblick muss ich mir allerdings eingestehen, dass mich mein Herz an jenem Tag getäuscht und mein Verstand mich im Stich gelassen hatte. Ich bin in mancherlei Hinsicht ein abergläubischer Mensch – ich denke, dass es zwischen Himmel und Erde Dinge gibt, die sich nicht mit wissenschaftlichen Methoden beschreiben und mit menschlichen Möglichkeiten nicht begreifen lassen. Ausgerechnet an jenem Tag, in dessen späterem Verlauf ich die brünette 23-Jährige kennenlernen sollte, stürzte ich zum ersten Mal in meinem Leben vom Motorrad und landete in einem Kiesbett. Man mag darin einen Zufall sehen, aber ich glaube fest daran, dass mir der Herrgott in diesem Moment ein Zeichen geben wollte, an diesem Abend auf der Hut zu sein.

Mein Schicksal aber schlug seinen eigenen Weg ein, und vier Jahre später zog mein Jugendfreund Albert Bildstein mit einem Blumenkranz und einer Glocke in der Hand von

Haus zu Haus, um in Nordrach meine bevorstehende Hochzeit zu verkünden. Dieses »Hochzeitsladen« war damals so üblich, und der Tag der Eheschließung war ein Fest für die ganze Bevölkerung. Niemand arbeitete am Hochzeitstag eines Mitbürgers, sondern alle versammelten sich zunächst in der Kirche und später im Gasthaus. Else und ich heirateten an einem Dienstag, dem 19. November 1957, einen Tag vor dem Buß- und Bettag, der damals gesetzlicher Feiertag war. Das bedeutete, dass auch am nächsten Morgen niemand zur Arbeit gehen musste – und deshalb konnten an der Hochzeit in der Gaststätte von Elses Eltern in Waldulm auch alle meine Freunde und Verwandten aus dem entfernten Nordrach teilnehmen. Bei bestem Wetter kamen mehr als 100 Nordracher in zwei Bussen zur Hochzeitsmesse gefahren. Meine Feuerwehr-Kameraden brachten aus Nordrach sogar eine große Böllerkanone mit, auf der mehrere Salutschüsse zu Ehren des jungen Brautpaars abgefeuert wurden. Die Hochzeit war ein großes Fest, an das sich viele der damaligen Gäste sicherlich noch gerne zurückerinnern.

Doch Monate nach der Hochzeit kamen mir erste Zweifel, ob es richtig gewesen war, diese Frau zu heiraten. Else hielt nicht viel von Hygiene, was natürlich für den Ehemann nicht eben verlockend war. Auch erwies sie sich dem Leben gegenüber als äußerst naiv und stand vielen Dingen weitgehend hilflos gegenüber. Ich ermutigte sie beispielsweise dazu, den Führerschein zu machen – doch sie hatte Angst davor, ein Auto zu steuern und weigerte sich so lange, bis meine Mutter sich (im Alter von 56 Jahren!) bereit erklärte, mit ihr zusammen ebenfalls Fahrstunden zu nehmen. Meine Eltern zeigten sich außerdem verwundert darüber, dass Else keinen Pfennig Geld mit in die Ehe brachte und für jede noch so kleine Besorgung auf mein Einkommen angewiesen war. Allerdings haben mein Vater und meine Mutter, die sich nie in meine privaten Angelegenheiten einmischten, dieses Thema niemals offen angesprochen.

Doch all das war für mich kein Grund, die Eheschließung ernsthaft zu bereuen oder gar über eine Scheidung nachzudenken. Vielmehr wurde ich zwei Jahre später, für damalige Verhältnisse recht spät, als 29-Jähriger mit der Geburt meiner Tochter Ingeborg zum ersten Mal Vater. Inge wurde im Leibgeding-Gebäude [4] meines Elternhauses geboren, in dem ich nach der Hochzeit mit meiner Frau zusammen eingezogen war. Zwar war es damals schon möglich, die Kinder im Krankenhaus zur Welt zu bringen, aber ich legte großen Wert darauf, dass meine Kinder zu Hause geboren wurden, genauso wie ich eine Generation zuvor auch selbst zu Hause geboren worden war. Zur Geburt kamen ein Arzt und eine Hebamme aus Zell am Harmersbach, und natürlich war ich selbst dabei und half nach Kräften mit, bis ich voller Stolz meine Tochter auf den Armen halten konnte. Ein Jahr später wurde mein Sohn Manfred geboren.

Meine Kinder bekamen mich in ihren ersten Lebensjahren allerdings ebenso selten zu Gesicht, wie ich meinen eigenen Vater nur selten gesehen hatte. Mich an meinen eigenen Eltern orientierend, traf ich mit meiner Frau eine Abmachung: Ich würde mich nach Kräften bemühen, Geld zu verdienen und uns die Zukunft zu sichern, sie dagegen wäre für die Erziehung der Kinder zuständig. Dass dieser Plan zum Scheitern verurteilt war, wusste ich damals noch nicht – genau so wenig wie ich ahnte, dass meine Zeit bei Prototyp dem Ende entgegenging.

---

4 – Der Begriff Leibgeding-Gebäude bezeichnet das meist recht kleine Haus, in das ein Hofbesitzer umzog, nachdem er den Hof an seinen ältesten Sohn übergeben hatte.

Es war mein Vater, der mir eines Abends bei einem Gespräch die Augen öffnete. Er blickte mir ernst in die Augen und sagte: »Erwin, *du bist mehr bei Prototyp als irgendein anderer Angestellter, du arbeitest jeden Tag bis zu 18 Stunden, bekommst deine Familie kaum zu sehen und hast nicht einmal mehr ausreichend Zeit zum Schlafen. Wirst du dafür denn auch angemessen belohnt?*« Mein Vater hatte Recht. Tatsächlich betrug meine wöchentliche Arbeitszeit 70 bis 75 Stunden, tatsächlich standen in den Hallen bei Prototyp mittlerweile viele von mir entworfene Maschinen – und dennoch unterschied sich mein Gehalt nicht von dem irgendeines anderen Angestellten. Ich hatte bei all der Freude über die Arbeit mit den Maschinen schlicht nie daran gedacht, eine Lohnerhöhung einzufordern.

Nachdem mir mein Vater so ins Gewissen geredet hatte, erkannte ich, dass mich die Geschäftsleitung bei Prototyp ausgenutzt hatte. Am nächsten Arbeitstag nahm ich mir bei Prototyp die Geschäftsmappen in die Hand und verschaffte mir einen Überblick darüber, wie viel Geld meine Arbeit eigentlich wert war. Schnell wurde mir klar, dass durch die von mir konstruierten vollautomatischen Schleifmaschinen viele Arbeitsplätze überflüssig geworden waren. Hatte man zu Schleifarbeiten früher zahlreiche Arbeiter an manuellen Maschinen im Akkord arbeiten lassen, so geschah dies nun alles ohne menschliches Zutun. Ich verfügte bald über Unterlagen, die einwandfrei bewiesen, dass Prototyp durch die von mir und meiner Schleifmaschinen-Abteilung entwickelten Maschinen Monat für Monat rund 40.000 Mark allein an Lohnkosten einsparte, während ich noch immer nur 640 Mark verdiente – vor dem Abzug der Steuern.

Mit diesen Dokumenten begab ich mich zur Geschäftsleitung und bat um eine Lohnerhöhung. Ich forderte ein monatliches Gehalt von 1.500 Mark und war fest entschlossen, mindestens eine Verdoppelung meiner bisherigen Bezüge durchzusetzen. Bei den damaligen Geschäftsführern Willy Herter und Dietmar Lauermann stieß ich mit dieser Forderung aber auf taube Ohren. »*Andere Meister verdienen auch nicht mehr als Sie, Herr Junker*«, so lautete die ebenso kurze wie endgültige Antwort. Hätte man mir an jenem Tag meine bescheidenen Gehaltsvorstellungen erfüllt, dann wäre ich wohl ein paar Jahrzehnte später bei Protoyp für langjährige Betriebstreue geehrt und mit 65 in den Ruhestand verabschiedet worden. So aber verließ ich das Büro der Geschäftsleitung voller Wut und Enttäuschung. In den folgenden zwölf Monaten löste ich mich innerlich Stück für Stück von Prototyp los und begann, neue Wege für meine persönliche Zukunft zu suchen. Im Frühjahr 1962 lief mein Fünf-Jahres-Vertrag bei Prototyp aus und ich entschloss mich, das Arbeitsverhältnis nicht mehr zu verlängern, sondern reichte stattdessen meine Kündigung ein.

8

Dem Leser mag es unverständlich erscheinen, warum die Betriebsleitung so unklug handelte und mit mir ihren vielleicht besten Mitarbeiter verlor. Doch der Grund dafür dürfte, wie so oft im Leben, Eitelkeit gewesen sein. Die Herren Herter und Lauermann waren damals zwar Geschäftsführer, nicht aber Eigentümer der Firma. Die Firma gehörte dem Schweizer Professor Alfred Schmid aus dem Kanton Uri, der den schon Jahrzehnte vorher gegründeten Betrieb nach dem Weltkrieg für wenig Geld erworben hatte.

Schmid hatte während des Krieges im deutschen Reichsluftfahrtministerium gearbeitet und war ein ebenso kompetenter wie angesehener Mann, der sich allerdings meist andernorts aufhielt und nur zwei- oder dreimal im Jahr bei Prototyp vorbeischaute, um nach dem Rechten zu sehen. Ich kannte Professor Schmid recht gut, da ich ihn Anfang der Fünfziger Jahre einige Male als Fahrer seines Jaguars ins Theater oder ins Kino gefahren hatte und wir die Zeit im Auto stets zu Gesprächen genutzt hatten. Schmid als Schweizer hatte kein gutes Verhältnis zu dem preußischen Geschäftsführer Friedrich Wvettin, dessen Chauffeur ihm nicht zur Verfügung stand.

Schmid erkannte früh, welchen Wert ich für seine Firma hatte, und er wusste, dass ihm die von mir konstruierten Maschinen eine Menge Geld einbrachten. Heute wage ich die Behauptung, dass Prototyp seinen Umsatz durch meine Maschinen in den 1950er-Jahren verdoppelt hat. Angesichts dessen ist es logisch, dass dem Geschäftsinhaber viel an einem guten Verhältnis zu mir lag. Aber Professor Schmid und ich verstanden uns auch menschlich sehr gut und entwickelten viele Ideen gemeinsam. Schmid trug sich beispielsweise schon damals – Jahre bevor der erste Katalysator auf den Markt kam – mit dem Gedanken, in Motoren Kohlendioxid zu verbrennen. Er ließ mich im Pförtnerhäuschen der Firma eine Art Versuchslabor einrichten: Ich experimentierte in fünf Tanks mit verschiedenen Benzinmischungen und notierte meine Beobachtungen zum Verbrauch und zur Motorenleistung.

Doch mehr als solche Spielereien dürfte Geschäftsführer Herter beeindruckt haben, dass Schmid bei jedem seiner Besuche erst zu mir kam. Sein Weg führte ihn vom Wagen direkt in mein Büro, wo er mich stets dazu einlud, während eines Spaziergangs über das Firmengelände mit ihm über meine neuesten Ideen zu plaudern. Schmid hörte mir dabei aufmerksam zu und ermunterte mich, meine Gedanken in die Praxis umzusetzen. Erst wenn dieser Spaziergang abgeschlossen war und er mich wieder an meinen Arbeitsplatz zurückbegleitet hatte, machte sich Schmid auf den Weg zu seinem Geschäftsführer Herter. Der sah es natürlich alles andere als gerne, dass der Firmeninhaber mir mehr Interesse entgegenbrachte als ihm, der er ja als Chef eine deutliche höhere Stellung hatte als ich. Herter sah in mir wohl eine Art internen Konkurrenten und nutzte meine Bitte um Gehaltserhöhung, um mir seine vermeintliche Stärke zu beweisen.

Hätte er gewusst, welche Spiele in seinem Betrieb gespielt wurden, hätte der Schweizer Professor Schmid sicherlich zu meinen Gunsten eingegriffen. Er war allerdings Anfang der 1960er-Jahre schwer erkrankt und ließ sich bei Prototyp viele Monate lang nicht blicken. Ich habe auch nie versucht, meinerseits Kontakt zu ihm aufzunehmen. Mein Eindruck war stets gewesen, dass Schmid nur die groben Richtlinien vorgab und das Tagesgeschäft seinen Geschäftsführern überließ. Ich habe diese Vorgehensweise stets akzeptiert und war darüber hinaus auch zu stolz, den Professor um ein höheres Gehalt zu bitten. Meine Entscheidung, die Prototyp Werke Zell nach zwölf Jahren zu verlassen, war endgültig, und ich hatte innerlich schon längst mit dem Betrieb abgeschlossen.

Daran änderte sich auch nichts, als selbst den Herren Herter und Lauermann klar wurde, welchen Fehler sie begangen hatten. Die beiden flehten mich so lange an, doch wenigstens noch für eine gewisse Zeit im Betrieb zu bleiben, bis ich schließlich einwilligte, über mein Arbeitsverhältnis hinaus noch drei weitere Monate bei Prototyp zu arbeiten und einen Nachfolger einzuführen. Mir wurde von den Geschäftsführern mündlich zugesagt, dass ich mich während dieser zwölf Wochen in meiner Freizeit um den Aufbau meiner eigenen Firma kümmern könne.

An das -~~BrA~~- Bürgermeisteramt -~~Polizeidirektion~~- -~~Landratsamt~~- N o r d r a c h	Bürgermeisteramt- Nordrach ~~Polizeidirektion~~ Verfügung vom 25.6.1962 1. Anzeige ist formell in Ordnung — Handwerkskarte hat vorgelegen — 2. Anzeigenbestätigung gem. § 15 Abs. 1 GewO erteilen Erl am 25.6.62 3. Benachrichtigung an das Landratsamt absenden. Erl. am 25.6.62 4. ~~Der Anzeigende wurde auf das Fehlen der gesetzl. Voraussetzungen bzw. der bestehenden Zweifel hingewiesen und zur Behebung der Mängel bzw. zur Klärung der Rechtslage aufgefordert.~~ (Unterschrift)	Verzeichnis der Gewerbeanzeigen Nr. 10/62

Gewerbe- An*) -~~Ab~~- meldung nach § 14 GewO
(Erl. des Wirtschaftsministeriums Baden-Württemberg vom 29. September 1954 Nr. 2010/53 GABl. S. 404)

Name, Vorname	J u n k e r Erwin
Ständiger Wohnsitz	Nordrach
Geburtstag und Ort	15. April 1930 in Nordrach
Staatsangehörigkeit	Deutsch
oder (bei im Handelsregister eingetragenen Kaufleuten und Handelsgesellschaften)	
Firmennamen	--
Tag und Nummer des Handelsregistereintrags	--
Sitz der gewerblichen Niederlassung (Ort und Straße)	Nordrach, Hauptstr. 76
Gegenstand des Gewerbebetriebs (z. B. Herstellung von Möbeln, Textilgroßhandel, Einzelhandel mit Obst und Gemüse, Maßschneiderei, usw.)	Maschinen- und Apparatebau
Meldepflichtiger Vorgang (1) Neuerrichtung, (2) Aufgabe, (3) Wiedereröffnung, (4) Übernahme (Kauf, Pacht, Erbfolge), (a) eines Gewerbebetriebs, (b) einer Zweigniederlassung, (5) Eintritt, (6) Austritt eines Gesellschafters (nur im Falle tätiger Beteiligung in einem nicht in Form einer juristischen Person bestehenden Gewerbebetrieb), (7) Ausdehnung eines bestehenden Gewerbebetriebes auf branchenfremde Waren oder Leistungen, (8) Branchenwechsel	Neuerrichtung
Tag des Betriebsbeginns -~~der Betriebsaufgabe oder des sonstigen Vorganges~~	15. Juni 1962
Voraussichtliche Anzahl der Beschäftigten	2
Bei zulassungspflichtigen Gewerbebetrieben	Genehmigungsbehörde -- Genehmigung vom -- Aktenzeichen --
Bei Handwerksbetrieben	Datum der Handwerkskarte 15. Juni 1962 Ausgestellt von der Handwerkskammer Freiburg i. Br.

Mir -~~uns~~- ist bekannt, daß
1. bei Gewerbetreibenden, die einer besonderen Zulassung bedürfen, und beim Betrieb eines Handwerks die Anzeige und die Empfangsbestätigung für sich allein noch nicht zum Beginn des Betriebes berechtigen, ein unzulässigerweise eröffneter Betrieb polizeilich geschlossen werden kann und der Schaden, der mir (uns) aus z. B. Schließung eines trotz bestehenden Errichtungsverbots eröffneten Gewerbebetriebs entsteht, ausschließlich zu meinen (unseren) Lasten geht.
2. während der Geltung der Devisengesetze Personen, die ihren Aufenthalt und den Mittelpunkt ihrer Lebensbeziehungen außerhalb der Bundesrepublik haben (Devisenausländer) zur Errichtung eines Gewerbebetriebs, zur Geschäftsführung und zur Einbringung von Vermögenswerten in der Regel eine devisenrechtliche Genehmigung benötigen. Auskunft erteilen die Landeszentralbanken und ihre Zweigstellen. Durch diese Meldung soll der Anzeigepflicht nach § 165 d AO an das Finanzamt genügt sein.

Nordrach, den 24. Juni 1962
(Ort und Datum)

(Unterschrift des Anzeigenden)

Gewerbeanmeldung vom 25.06.1962

Tatsächlich begann ich schon vor meinem offiziellen Vertragsende, die Grundlagen für meinen Geschäftsbeginn zu schaffen. Zunächst einmal suchte ich nach geeigneten Räumlichkeiten, möglichst nach einem kleinen Gebäude, in dem Wasserkraft als Energiequelle zur Verfügung stand. Ich wurde bald fündig, denn am Ortseingang meiner Heimatgemeinde Nordrach stand seit einem Jahr ein Gebäude leer, das meinen Vorstellungen sehr entgegenkam. Es handelte sich dabei um die ehemalige Mühle eines großen Schwarzwaldhofs. Der Müller, der dort noch einige Monate zuvor Korn und Weizen gemahlen und Hafer gequetscht hatte, war verstorben und der Bauer stellte mir das freistehende Haus für eine monatliche Miete von 500 Mark zur Verfügung.

Am 13. Mai 1962 nahm ich mir bei Prototyp einen Tag Urlaub und fuhr nach Frankfurt am Main, wo ich mich bei einem Treffen mit Vertretern der Firma Titex, einem Konkurrenten von Prototyp, um den ersten Auftrag für meine Firma bemühte. Auf dem Weg zurück hatte ich den offiziellen Auftrag zum Bau einer Richtmaschine in der Tasche.

Noch bevor ich bei Prototyp ausschied, stellte ich zwei meiner Kollegen in meiner eigenen Firma ein: Hubert Bildstein zum 23. Juli und Hubert Dreher zum 13. August 1962. Beide waren bei mir in die Lehre gegangen, beide kamen aus Nordrach, und beide zeichneten sich durch großen Eifer aus. Vor allem Bildstein war mir gleich zu Beginn seiner Lehre als sehr talentiert aufgefallen; von meinen rund 50 Lehrlingen war er mit Abstand der fähigste. In meiner Firma wurde er sofort zum Vorarbeiter, der die Arbeit oft eigenverantwortlich führte, während ich mich mit der Bürokratie und vielen weiteren Verpflichtungen, welche die Selbstständigkeit mit sich brachte, herumschlug. Einige Jahre später machte ich Hubert Bildstein zum technischen Leiter und Geschäftsführer der Firma, ein Posten, den er bis zu seiner wohlverdienten Rente zu meiner vollsten Zufriedenheit ausführte.

Ich muss aber auch gestehen, dass meine ersten drei Mitarbeiter – zum 22. Oktober 1962 wechselte mit dem Monteur Wolfgang Börschig ein dritter Nordracher ebenfalls von Prototyp in meine Firma – fast mehr Vertrauen in den Erfolg der »Maschinenfabrik Junker« hatten als ich selbst. Mir ging es nach wie vor vor allem darum, Maschinen bauen zu können, und mir war egal, ob ich das als Angestellter der einen Firma machte oder als Chef einer anderen. Ich hätte damals nicht gedacht, dass ich mein Unternehmen einmal richtig in die Gänge bringen und großen Erfolg haben würde.

Der letzte Septembertag 1962 war mein letzter Arbeitstag bei Prototyp. Meine engsten Mitarbeiter hatten eine kleine Feier zu meinem Abschied vorbereitet, und mein Büro war vollgestellt mit Blumenpräsenten. Die Kollegen reichten mir die Hand und wünschten mir viel Erfolg mit meiner Firma. Prototyp verlor an diesem Tag nicht nur den wichtigsten Entwickler neuer Maschinen, sondern auch einen vorbildlichen Arbeitnehmer: In zwölf Jahren war ich nur zweimal verspätet zur Arbeit erschienen.

9

Bevor ich von Prototyp geradezu in die Selbstständigkeit gezwungen wurde, hatte ich nie auch nur einen Gedanken an die Idee verschwendet, eine eigene Firma zu gründen. Doch rückblickend ist diese Entscheidung wohl auch eine logische Konsequenz meines Tuns gewesen. Denn wo immer ich auch in meinen Jugendjahren mit dem Herzen bei einer Sache war, da stand ich auch im Mittelpunkt des Geschehens. Ich habe mich zwar nie in den Vordergrund gedrängt, aber es ist wohl so, dass ich über eine gewisse Ausstrahlung und über große Autorität verfüge und Entscheidungen treffen kann oder mich um organisatorische Notwendigkeiten kümmere, vor deren Verantwortung andere zurückschrecken.

Ich erinnere mich zum Beispiel daran, wie ich zu Beginn meiner Lehrzeit in Zell zusammen mit einigen Freunden einen Tanzkurs besuchte. Wir trafen uns einmal pro Woche abends im Gasthaus Kleebad, wo zu Akkordeonmusik Tanzschritte einstudiert wurden. Zum Abschluss wollten wir ein Tanzkränzchen feiern, aber so kurz nach dem Weltkrieg konnte man nicht einfach in einen Laden gehen und Essen und Trinken für alle kaufen, denn dafür brauchte man damals Lebensmittelkarten, die uns aber nur sehr begrenzt zur Verfügung standen. Nachdem unser Tanzlehrer keinen Rat mehr wusste und auch vom Kleebad-Wirt keine Hilfe zu erwarten war, wollten meine Kameraden die Idee schon wieder aufgeben. Nun aber ergriff ich die Initiative und überredete meinen Vater, für jeden von uns 20 Jugendlichen ein Stück Speck zu spendieren. Meine Mutter gab mir dazu eine Korbflasche mit 30 Litern Apfelmost. So konnten wir unser kleines Fest tatsächlich veranstalten, was in der damaligen Zeit wirklich einmalig war.

Anfang der 1950er-Jahre wurde ich außerdem Mitglied in einem Horex-Motorrad-Klub, der sich aus rund 65 Mitgliedern zusammensetzte, die aus allen Tälern rund um Zell am Harmersbach kamen. Der Klub wurde vom damaligen Einkaufsleiter der Firma Prototyp geführt, der das Amt aber bald darauf abgab. Ich wurde von mehreren Mitgliedern gebeten, die Leitung des Vereins zu übernehmen – und das, obwohl ich mit meinen

24 Jahren wahrscheinlich das jüngste Klubmitglied war und aus dem abgelegenen Nordrach kam. Wenn wir einen Ausflug auf den Motorrädern machten, fuhr ich immer voraus und die anderen folgten nach.

Das Horex-Motorrad hatte ich mir leisten können, weil mein Vater mir Anfang der 1950er-Jahre 1.000 Mark rückwirkend als Lohn für meine jahrelange Schufterei auf dem Sägewerk ausbezahlt hatte. Mein Traum war es, einen Seitenwagen für das Motorrad zu kaufen, dieser hätte aber rund 500 Mark gekostet. Aber so viel Geld hatte ich nicht, weshalb ich mir über Monate hinweg einen Teil meines kargen Prototyp-Lohns für den Kauf des Seitenwagens zurücklegte. Immer wieder aber kam der Sommer, in dem ich mit Freunden nach Österreich in die Berge fuhr. Dann waren wieder 100 oder 150 Mark weg. Oder es kam der Winter und nach ihm die Fastnacht in Zell, bei der man als junger Mann auch gut 200 Mark ausgab. Oft hatte ich 300 oder gar 350 Mark gespart und sah mich im Geiste schon mit dem Seitenwagen durch die Täler fahren. Aber jedes Mal kamen andere Ausgaben, und der Traum war aus. Ich habe den Seitenwagen nicht gekauft, aber vergessen habe ich ihn nie. Kaufen auf Raten, wie es heute viele Leute machen, war damals nicht denkbar, und auf der Bank war es auch völlig unmöglich, einen Kredit zu bekommen!

Genauso wie bei den Motorrad-Ausflügen alle hinter mir herfuhren, so folgten mir auch bei der Freiwilligen Feuerwehr bald alle nach. Als Fahnenträger schritt ich bei den Prozessionen durch das Dorf stets voran. Schon während des Krieges war ich als 13-Jähriger zwangsverpflichtetes Mitglied der Feuerwehr Nordrach geworden und seither, von einer Pause unmittelbar nach dem Kriegsende abgesehen, aktiv dabei gewesen. Die Feuerwehr war damals ein zerstrittener Haufen, in dem sich zwei Mitglieder einen privaten Kleinkrieg leisteten und die Kameraden stets gegeneinander aufbrachten. Schon Mitte der 1950er-Jahre wäre die Wehr darüber fast zerbrochen, doch der Bürgermeister hatte es vermocht, einen neutralen Kommandanten wählen zu lassen. Dieser aber warf 1959 ebenfalls das Handtuch, und es gab eine Krisensitzung, bei der sich erneut die beiden alten Streithähne in den Haaren lagen.

Nun kamen viele Feuerwehr-Aktive auf mich zu und baten mich, das Amt des Kommandanten zu übernehmen. Ich hatte keinerlei Ambitionen auf einen solchen Posten, ließ mich von meinen Kameraden aber schließlich überreden. Allerdings verband ich meine Bereitschaft mit einer Bedingung: Einer der beiden Unruhestifter müsse aus der Feuerwehr ausgeschlossen werden. Tatsächlich fand sich für diesen Ausschluss eine Mehrheit, und in den folgenden zehn Jahren führte ich eine harmonische Feuerwehr-Ortsgruppe mit rund 40 Mitgliedern an. Der Ausgeschlossene – unglücklicherweise mein Nachbar – wechselte zwar bis zu seinem Tod kein Wort mehr mit mir, doch dies war sicherlich das kleinere Übel. Der zeitliche Aufwand für die Feuerwehr hielt sich im Übrigen in einem überschaubaren Rahmen: Übungen fanden damals nur alle paar Wochen an einem Samstag oder Sonntag statt.

Obwohl ich im Ort ein allseits bekannter und wohl auch beliebter Mann war, löste meine Entscheidung, einen industriellen Betrieb zu gründen, die eine oder andere Kontroverse aus. In dem Dorf war damals keinerlei Industrie angesiedelt; die Menschen lebten ausschließlich vom Kurbetrieb und von der Landwirtschaft. Der Gemeinderat hatte zwar schon mehrfach versucht, Firmen nach Nordrach zu locken (unter anderem hatte man sich um die Ansiedlung des Uhrenherstellers Junghans aus Schramberg bemüht), war dabei aber erfolglos geblieben. Während man mich also im Rathaus mit offenen Armen empfing, stieß ich bei den alteingesessenen Bauern auf

Skepsis und sogar auf offene Ablehnung. Jeder Bauer hatte damals mehrere Knechte, denen kein Gehalt gezahlt wurde, sondern die man nur kostenlos auf dem Hof schlafen und essen ließ. Die Landwirte sorgten sich um ihre Zukunft, denn mit der Abwanderung dieser Knechte in die Industrie würden sie ebenso wichtige wie billige Arbeitskräfte verlieren.

Natürlich dachten aber nicht alle Nordracher so, und schon gar nicht meine Eltern. Mein Vater Ludwig unterstützte mich mit einer Bürgschaft über 15.000 Mark, und diese Summe reichte zusammen mit meinem gesparten Kapital von 8.000 Mark zur Gründung des Unternehmens aus. In der neuen Firma herrschte vom ersten Tag an geschäftiges Treiben. Ich war damals so beschäftigt, dass ich mich heute nicht einmal mehr daran erinnern kann, wie sich die neu gewonnene Freiheit als Selbstständiger anfühlte. Ich stürzte mich sofort in die Arbeit, zeichnete jede Nacht an neuen Konstruktionsentwürfen und richtete Maschinen ein.

10

Am 3. Oktober 1962, drei Tage nach meiner Abschiedsfeier bei Prototyp, kehrte ich noch einmal in den Betrieb zurück, um meine Papiere abzuholen. Zu meiner großen Überraschung wurden mir diese aber nicht ausgehändigt. Vielmehr wurde ich ins Büro der Geschäftsführung geführt, wo mich Willy Herter und Dietmar Lauermann gemeinsam empfingen. Die beiden saßen selbstherrlich in ihren Sesseln und teilten mir mit, sie hätten »*mittels Spionen festgestellt*«, dass es sich bei der ersten Konstruktion meiner Firma um eine »*Arbeitnehmer-Er-*

findung« von Prototyp handelte, die deshalb Eigentum der Firma Prototyp wäre. Lauermann und Herter drohten mir eine Klage an, sollte ich mich nicht bereiterklären, die Richtmaschine zum Selbstkostenpreis an Prototyp zu liefern.

Diese Drohung war unverschämt. Ich hatte meine Arbeit für Prototyp in den zurückliegenden Monaten stets gewissenhaft von dem Aufbau meines eigenen Betriebs getrennt. Die Behauptung, Prototyp besitze die Rechte an der Richtmaschine, war eine dreiste Lüge. Zumal mir die beiden Herren zu Jahresbeginn ja selbst versichert hatten, ich könne schon in der Zeit vor meinem endgültigen Ausscheiden anfangen, meine Firma aufzubauen. Es handelte sich hier offenbar um ein abgekartetes Spiel mit dem Ziel, mich zu ruinieren. Denn Lauermann und Herter wussten so gut wie ich selbst, dass ich es mir nicht leisten konnte, die Maschine zum Selbstkostenpreis an Prototyp zu liefern. Meine finanziellen Mittel reichten dafür beileibe nicht aus, denn ich hatte mein ganzes Vermögen in diese erste Maschine gesteckt. Außerdem konnte ich auch schlecht meinen ersten Kunden verprellen und stand bei Titex in der Bringschuld.

Ich trat also die Flucht nach vorne an und sagte den beiden Herren mit deutlichen Worten, dass ich mir von ihnen nichts mehr sagen lassen würde. Ich sei keinesfalls bereit, meine Maschine an Prototyp zu liefern – weder zum Selbstkostenpreis noch zu einem angemessenen Marktpreis. Ich verließ das Gebäude stark erregt und fuhr zurück nach Nordrach. Meine Papiere hatte ich natürlich nicht mehr bekommen, diese befinden sich wohl bis heute in den Archiven der Firma Prototyp. Doch ich dachte nun auch nicht mehr an irgendwelchen Papierkram, sondern machte mir Gedanken darüber, ob die Drohung von Herter und Lauermann wohl nur leere Worte gewesen waren oder ob ich wirklich einen Prozess befürchten müsste. Mein Gefühl sagte mir nichts Gutes.

Tatsächlich verging gerade einmal eine halbe Stunde, während der ich einigen Feuerwehrkollegen meinen kleinen Betrieb zeigte, bis schräg gegenüber der Mühle ein Auto parkte. Darin saß Hans Fleischmann, der kaufmännische Assistent von Willy Herter bei Prototyp. Anstatt auszusteigen und herüberzukommen, blieb Fleischmann im Wagen sitzen und beobachtete die Mühle. Ich wusste, dass man bei Prototyp davon ausging, meine Maschine sei bereits fertiggestellt und würde in Kürze ausgeliefert. Fleischmann hatte offenbar den Auftrag, diesen Vorgang zu observieren, und saß nun stundenlang im Auto.

Als Fleischmann auch am Abend noch vor der Mühle parkte, heckten meine Feuerwehrkameraden und ich einen Plan aus, um unsererseits ein Spiel zu treiben und herauszufinden, wie Fleischmann auf die Auslieferung der Maschine reagieren würde. Wir riefen telefonisch einen weiteren Bekannten zu Hilfe: Alfred Bürkle, der damals jeden Morgen die Milch bei den Nordracher Bauernhöfen einsammelte und deshalb im Besitz eines Lkw war. Er kam mit seinem Drei-Tonner zur Mühle gefahren und parkte vor der Tür. Im Innern des Hauses hatten wir derweil eine der alten Maschinen aus der früheren Kornmühle in Decken verpackt, trugen diese Attrappe aus dem Gebäude heraus und luden sie auf den Lkw. Kaum hatte Fleischmann das beobachtet, schoss sein Wagen mit Vollgas in Richtung Zell davon.

Es vergingen nur Minuten, bis Willy Herter mit zwei weiteren Mitarbeitern vor der Mühle stand. Die drei hatten den sechs Kilometer langen Weg von Prototyp mit Höchstgeschwindigkeit zurückgelegt und hielten mit lautem Reifenquietschen gegenüber der Mühle, wobei sie auf der Nordracher Hauptstraße eine 24 Meter lange Bremsspur hinterließen. Zwischenzeitlich waren auch meine beiden jüngeren Brüder

Ludwig und Wilhelm eingetroffen, und Ludwig eilte den Herren von Prototyp sofort entgegen. Herter aber ließ sich auf keine Diskussion ein, sondern sprang wütend aus dem Wagen und zückte eine Pistole: *»Wenn Sie nicht sofort zur Seite gehen, schieße ich!«*, schrie er meinem Bruder entgegen. In seinem Schrecken lief Ludwig sofort zur Seite. Doch zwischen mir und Herter stand noch immer mein sieben Jahre jüngerer Bruder Wilhelm, ein unerschrockener Mann von fast zwei Metern Körpergröße. Er stellte sich Herter in den Weg und rief: *»Ich gehe auf keinen Fall zur Seite, egal was hier passiert.«* Herter zögerte einen Moment, dann jedoch richtete er seine Pistole auf Wilhelm – und schoss. Glücklicherweise verfehlte die Kugel meinen Bruder um Haaresbreite.

Nun brach Panik aus. Der Lkw-Fahrer stürzte aus dem Führerhaus und verkroch sich unter dem Lastwagen, und auch einige meiner Kameraden rannten erschrocken davon. Ich selbst aber blieb stehen, umringt von meinen beiden Mitarbeitern und ein paar Feuerwehrleuten. Herter kam mit erhobener Pistole direkt auf uns zu. Ich trat vor und sagte mit scharfer Stimme: *»Wenn Sie die Pistole nicht sofort wieder einstecken, kann ich für nichts garantieren. Sie können auf mich schießen, aber ich glaube nicht, dass Sie das selbst überleben werden.«* Herter starrte mich mit einem wahnsinnigen Blick an und zitterte am ganzen Leib.

Alfred Bürkle hatte sich zwischenzeitlich wieder gefangen und hielt es für die beste Idee, sich samt seinem Lastwagen schnell in Sicherheit zu bringen. Er startete den Motor und fuhr, so schnell die drei Tonnen Gewicht seines Fahrzeugs dies zuließen, in Richtung Ortsmitte davon. Als Herter dies bemerkte, wandte er sich ohne ein weiteres Wort um und stürmte samt seinen Mitarbeitern wieder zu seinem Auto zurück, um in waghalsiger Manier zu wenden und Bürkle zu verfolgen. Der aber hatte schon zwei Minuten Vorsprung und steuerte seinen Lkw direkt in den tiefen Nordracher Wald, den er wie kaum ein Zweiter kannte. Tatsächlich gelang es ihm mit seinem schweren Laster, den wendigen Wagen Herters auf einem Waldweg abzuhängen.

Noch während sich diese Verfolgungsjagd ereignete, verständigte ich in einem Nachbarhaus die Polizei. Wir hatten damals in der Mühle noch nicht einmal einen Telefonanschluss! Ich erstattete Anzeige und bat um Polizeischutz für mich und meine Mitarbeiter. Etwa eine Stunde später traf ein Wachtmeister der Polizei bei der Mühle ein und blieb bis in die Nacht. Von Prototyp ließ sich an diesem Abend niemand mehr blicken.

Die Vorgänge dieses 3. Oktober 1962 liegen nun schon mehr als 50 Jahre zurück, aber ich erinnere mich an jede Minute so genau, als wäre all das erst gestern passiert. Die Ereignisse erschütterten mich zutiefst. Als unbescholtener Bürger hatte ich in meinem gesamten Leben noch nie etwas mit der Polizei, mit Anwälten oder Gerichten zu tun gehabt. Ja, ich kannte noch nicht einmal einen Anwalt und wusste nicht, wen ich um juristische Hilfe bitten konnte. Man konnte auch nicht einfach in die »Gelben Seiten« schauen, denn damals hatte kaum jemand ein Telefon und schon gar kein Telefonbuch. Ich machte mich am nächsten Morgen also in meinem VW Käfer auf den Weg nach Offenburg und hielt am Straßenrand Ausschau nach einer Anwaltskanzlei. Am ersten Gebäude, vor dem ein Schild auf einen Rechtsanwalt hinwies, stoppte ich den Wagen.

Auf diese Weise fand ich zwar keinen guten Anwalt, aber ich hatte nun wenigstens einen Mann mit juristischer Erfahrung an meiner Seite. Er hörte sich meine Angelegenheit an, übernahm dann mein Mandat und erstattete ein weiteres Mal

Anzeige wegen des Schusses auf meinen Bruder. Umgekehrt erstatteten die Anwälte von Prototyp gleich drei Anzeigen gegen mich: wegen illegaler Abwerbung von Arbeitskräften, wegen des Baus und Verkaufs einer Prototyp-Arbeitnehmer-Erfindung (Streitwert 100.000 Mark) und wegen Diebstahls von Werkzeugen und Maschinenteilen. Alle drei Punkte waren haarsträubend.

Geburtshaus von Erwin Junker

Erwin (rechts) mit seiner Schwester Elsa

Die Brüder Ludwig und Erwin (rechts)

Erwin (rechts) mit seiner Schwester Elsa

Die Geschwister Erwin, Elsa, Ludwig
(oben von links nach rechts) und Wilhelm

Erwin Junker im Alter von 18 Jahren

Familie Junker 1946

Meister-Brief

Vor dem Meisterprüfungs=Ausschuß der Handwerkskammer Freiburg hat

Erwin Junker

am heutigen Tage die Meisterprüfung im

Mechaniker-

Handwerk mit Erfolg bestanden und somit das Recht erworben, den Meistertitel dieses Handwerks zu führen und nach Vollendung des 24. Lebensjahres darin Lehrlinge anzuleiten.

Freiburg im Breisgau
28. März 1958

HANDWERKSKAMMER FREIBURG I. BR.

Meisterbrief von Erwin Junker.
Diese Urkunde bekam er nach erfolgreich abgelegter Meisterprüfung im Mechaniker-Handwerk verliehen. Dadurch war er berechtigt, den Meistertitel zu führen und ab dem 24. Lebensjahr selbst auszubilden.

Das Sägewerk der Eltern 1945

Erwin Junker im Alter von 33 Jahren

Erwin Junker in seinem Büro

Erwin Junker mit Ehefrau Marlies

⊒┘ JUNKER
MASCHINEN

ERWIN JUNKER
Fabrikant

ERWIN JUNKER   TELEFON: +49 (0) 7838/84-0
MASCHINENFABRIK GmbH   TELEFAX: +49 (0) 7838/84-301
Junkerstrasse 2   Internet: www.junker-group.de
77787 Nordrach · Deutschland   E-Mail: junker@junker.de

Die Visitenkarte.
Wer nennt sich heute noch »Fabrikant«?

11

Schon auf dem Weg vom Anwalt zurück wurde ich am Ortseingang Nordrach von zivilen Polizisten gestoppt. Es handelte sich um Kriminalbeamte, die mir einen richterlichen Hausdurchsuchungsbefehl sowohl für die Mühle als auch für meine private Wohnung präsentierten. Man wollte alles durchsuchen, um dem Vorwurf nachzugehen, ich sei im Besitz von gestohlenen Unterlagen und Konstruktionszeichnungen, mittels derer ich meine Maschine gebaut hätte. Die Polizisten verkündeten außerdem, dass Willy Herter bei der Durchsuchung anwesend sein würde, um Prototyp-Eigentum identifizieren zu können.

Ich erklärte, dass ich die Anwesenheit des Geschäftsführers Herter keinesfalls akzeptieren würde. Immerhin hatte dieser keine 24 Stunden zuvor auf meinen Bruder geschossen! Ich verlangte, vor der Hausdurchsuchung mit meinem Anwalt sprechen zu dürfen. Tatsächlich wurde die Hausdurchsuchung daraufhin verschoben; allerdings musste ich die Werkstatt abschließen, meine Schlüssel an die Polizei übergeben und eidesstattlich versichern, dass ich über keine weiteren Schlüssel für die Mühle verfügte. Die Polizisten versiegelten daraufhin den Eingang zu meinem Betrieb. Seit meinem ersten Arbeitstag als mein eigener Chef waren gerade einmal vier Tage vergangen.

Drei Tage später trafen rund zehn Personen zur Hausdurchsuchung ein. Neben den Polizisten aus Zell erschienen auch mehrere Beamte der Kriminalpolizei Offenburg, und als Vertreter der Firma Prototyp schickte die Geschäftsführung zwei einfache Angestellte, nachdem Herter die Anwesenheit untersagt worden war. Man durchsuchte die Mühle vom Dachboden bis zum Keller nach den angeblich gestohlenen Zeichnungen und Werkzeugen und fuhr danach ins Hintertal, wo zunächst die Wohnung meiner jungen Familie auf den Kopf gestellt und schließlich auch der große Hof meiner Eltern nicht verschont wurde. Bei all diesen Aktionen wurde nicht ein einziges Blatt Papier und nicht eine Schraube gefunden, die gegen mich hätte verwendet werden können.

Das war natürlich ein schwerer Schlag für meine ehemaligen Vorgesetzten. Willy Herter aber besaß die Frechheit, gleich im Anschluss an die ergebnislose Durchsuchung eine weitere zu beantragen. Die Staatsanwaltschaft stimmte diesem Antrag sofort zu, und auch vor Gericht ließ man sich von der Notwendigkeit einer zweiten Durchsuchung überzeugen. Diese zweite Hausdurchsuchung wurde gezielt an der Richtmaschine, die zwischenzeitlich von einer Plane überzogen und verplombt worden war, durchgeführt. Die Firma Prototyp legte der Staatsanwaltschaft Konstruktionszeichnungen vor, die der Meinung Herters zufolge für den Bau meiner Maschine verwendet worden waren.

Kurz darauf traf ein Ingenieur aus dem nahegelegenen Gengenbach in der Mühle ein, der als Sachverständiger vom Gericht den Auftrag erhalten hatte, die Maschine in ihre Einzelteile zu zerlegen und zu prüfen, ob es sich um die von Prototyp beschriebene Maschine handelte und ob Teile aus dem Besitz der Firma Prototyp verwendet worden waren. Dieser Vorwurf stellte sich schnell als unhaltbar heraus, denn bei der Richtmaschine handelte es sich um eine völlig neu konstruierte Maschine, die sich von der von Prototyp beschriebenen in wesentlichen Teilen unterschied. Man hatte wohl auch nicht damit gerechnet, dass ich als junger Unternehmer meine Buchhaltung so penibel führen würde, wie ich es getan hatte. Ich war im Besitz sämtlicher Lieferscheine und konnte so einwandfrei nachweisen, dass jeder Keilriemen, jeder Elektromotor und jeder noch so kleine Nagel von mir selbst mit eigenem Geld gekauft worden war. Diese Gewissenhaftigkeit hatte ich von meinen Eltern gelernt – ich war ihnen dafür selten so dankbar wie in den Tagen vor und während dieser Untersuchung.

Sehr schnell erledigte sich auch der Vorwurf, ich hätte bei Prototyp illegal Arbeitskräfte abgeworben. Das Gericht stellte fest, dass es den drei Arbeitern freigestellt sei, den Arbeitgeber zu wechseln. Somit war zumindest in diesem Punkt einwandfrei geklärt, dass keine Gesetze gebrochen worden waren. Doch auch dieser Schlag brachte die Herren bei Prototyp nicht zur Einsicht. Vielmehr leisteten sie sich eine weitere Unverschämtheit und reichten beim Patentamt einen Antrag auf das Patent für die von mir konstruierte Richtmaschine ein. Ich musste mir daraufhin einen Patentanwalt suchen, und es kam zu einem weiteren Prozess mit einem Streitwert von ebenfalls rund 100.000 Mark.

Dennoch büßte ich nichts von meiner Zuversicht ein. Nach wie vor war ich ein kontaktfreudiger Mensch, der auf die Menschen zuging und der von allen Seiten respektiert wurde. Dies entging auch dem im Volksmund »Gottsche-Karle« genannten Nordracher Holzhauer Karl Oehler nicht. Er war seit vielen Jahren Mitglied im Nordracher Gemeinderat und sprach mich eines Sonntags nach dem Gottesdienst an: »*Erwin, du könntest dich doch bei der nächsten Gemeinderatswahl als Kandidat aufstellen!*« Ich fühlte mich von einem solchen Vorschlag natürlich geehrt und sagte spontan zu, auf der Liste der CDU zu kandidieren.

Bei der Wahl im Spätjahr 1962 erhielt ich mehr Stimmen, als jemals ein Kandidat in Nordrach bekommen hatte. Ich erinnere mich noch gut daran, wie mir am Wahltag alle gratulierten und mich in den Himmel lobten. Mir aber war nicht nach Feiern zumute. Ich war mit den Nerven am Ende, hatte seit Monaten kaum eine freie Minute gehabt. Und ich hatte den Eindruck, dass mancher Mitbürger mir seine Stimme nur aus Mitleid gegeben hatte, um mich dafür zu entschädigen, dass Prototyp mir so übel mitspielte und Willy Herter auf meinen Bruder geschossen hatte. Um Mitleid hatte ich aber nie gebeten.

12

Die Prozesse begannen zu laufen. Prototyp warf mir weiterhin vor, dass Teile meiner Maschine Eigentum von Prototyp seien. Das war vom Sachverständigen zwar widerlegt worden, doch die Geschäftsführung ließ die Anschuldigungen nicht fallen. Nach wie vor wurde von mir die Herausgabe der Richtmaschine zum Selbstkostenpreis verlangt. Parallel dazu lief auch das von mir angestrengte Verfahren gegen Willy Herter wegen versuchter Tötung meines Bruders Wilhelm.

Die juristischen Auseinandersetzungen mit Prototyp brachten sowohl meine junge Firma als auch mich persönlich an den Rand des Zusammenbruchs. Ich hatte mein gesamtes Vermögen in die erste Maschine gesteckt, wurde nun aber gerichtlich daran gehindert, diese zu verkaufen: Sie stand noch immer verplombt in der Mühle. Die Frankfurter Firma Titex reagierte schockiert auf den gerichtlichen Streit, zog das Kaufangebot zurück und forderte auch die bereits bezahlte Anzahlung zurück. Es war mir außerdem nicht möglich, die Anwalts- und Gerichtskosten zu bezahlen; die Kosten wurden deshalb gestundet. Natürlich musste ich aber auch die Löhne meiner drei Angestellten bezahlen. Die finanzielle Belastung war so groß, dass ich gezwungen war, wieder auf Arbeitssuche zu gehen. Die Firma Holzer in Zell am Harmersbach, ein Hersteller von Pressteilen, stellte mich als Berater an und zahlte mir ein monatliches Gehalt von 2000 Mark. Ich hatte damals Personalkosten in gleicher Höhe.

Viele andere hätten wohl aufgegeben, wenn sie in dieser Situation an meiner Stelle gestanden hätten. Es schien ausgeschlossen, dass die Erwin Junker Maschinenfabrik in absehbarer Zeit Erfolge vorweisen würde. Die Prozesse stellten die gesamte Arbeit in Frage, und eine Niederlage vor Gericht hätte mich finanziell ruiniert. Selbst mein eigener Vater warnte mich deshalb eindringlich davor, meinen Weg als Selbstständiger zu gehen. Er machte sich natürlich Sorgen um sein Geld, denn er hatte eine Bürgschaft über eine beträchtliche Summe übernommen und hätte viele Tausend Mark verloren, wäre meine Firma bankrottgegangen. Ähnlich erging es meinem Schwiegervater und vielen anderen, die ihre Skepsis offen zeigten.

Doch ich gab nicht klein bei. Das Gericht hatte mir die Auslieferung der ersten Maschine untersagt, nicht aber die Produktion von anderen Konstruktionen, die sich von der Richtmaschine unterschieden. Meine drei Mitarbeiter und ich begannen also damit, neue Maschinen zu bauen. Mit meinem Schwarzwälder Dickkopf wählte ich die Flucht nach vorn und arbeitete wie ein Besessener. Zehn bis zwölf Stunden täglich war ich bei Holzer in Zell, danach arbeitete ich nachts noch stundenlang in der Mühle, baute mit meinen Angestellten die Maschinen, zeichnete bis früh morgens allein unzählige neue Entwürfe auf und erledigte die immense Papierarbeit, die die Prozesse und der Geschäftsbetrieb mit sich brachten. Regelmäßig war ich an einem Tag 20 Stunden lang auf den Beinen, mutete mir mehr und mehr zu und gönnte mir keine Pause – bis zum Zusammenbruch. Im Frühjahr 1964 erkrankte ich an einer doppelseitigen Lungenentzündung und schwebte in Lebensgefahr.

Noch auf dem Krankenbett verlangte ich mit 42 Grad Fieber nach einem Telefon, um mich um mein Geschäft kümmern zu können. Aber gegen die Krankheit und meine angeschlagene Psyche hatte ich keine Chance. Mein Zustand verschlechterte sich Stunde um Stunde, sodass sich die Nordracher Bürger fast vollzählig in der Pfarrkirche versammelten, um für mich zu beten. *»Der Junker stirbt!«*, so lautete das Gerücht, das sich in Windeseile im Dorf verbreitete. Mir wurde später von vielen Freunden erzählt, wie meine Mitbürger mit bangen Blicken in der Kirche saßen und inständig hofften, dass ich die Krankheit doch besiegen würde. Ob ihre Gebete erhört wurden? Nach vier Wochen strikter Bettruhe erholte ich mich jedenfalls von der Krankheit, und weitere vier Wochen später war ich wieder im Vollbesitz meiner Kräfte.

Zwei Dinge hatten sich allerdings geändert: Ich fühlte mich nun mehr denn je mit meiner Nordracher Heimat verbunden – und ich hatte gelernt, dass es auch Grenzen der Belastbarkeit gibt. Ich gab meine Arbeit bei der Firma Holzer auf und konzentrierte mich voll auf meinen eigenen Betrieb. Glücklicherweise entwickelte sich auch die juristische Auseinandersetzung mit Prototyp zu meinen Gunsten. In dem Patentstreit konnte ich mich einwandfrei durchsetzen, weil klar ersichtlich war, dass es sich bei der Richtmaschine um eine von mir allein erdachte Konstruktion handelte.

Das von Prototyp gegen mich angestrengte Verfahren drehte sich zwischenzeitlich nur noch um den 13. Mai 1962: jenen Tag, an dem ich, obwohl mein Vertrag mit Prototyp noch lief, zu Verhandlungen mit der Firma Titex nach Frankfurt gefahren war. Ich hatte diesen Umstand zwar nie bestritten, aber auch nie geahnt, dass mein damaliges Verhalten zum Dreh- und Angelpunkt des Prozesses gegen mich werden würde. Schlussendlich verurteilte mich das Gericht wegen unlauteren Wettbewerbs zu einer verhältnismäßig harmlosen Geldstrafe von 1.000 Mark. Damit waren die von Prototyp gegen mich erhobenen Anklagepunkte allesamt geklärt und ich konnte erst einmal durchatmen: Meine Firma war gerettet, und auch dem Verkauf der Richtmaschine stand nun nichts mehr im Wege. Meine erste im eigenen Betrieb gebaute Maschine wurde schließlich an eine Düsseldorfer Firma verkauft, die sie in ihre brasilianische Filiale verschiffen ließ.

Weiterhin offen war aber der Ausgang des dritten Prozesses, in dem ich Willy Herter wegen der versuchten Tötung meines Bruders angeklagt hatte. Mein ehemaliger Vorgesetzter kämpfte mit allen Mitteln gegen diesen Vorwurf, setzte dazu mehrere Anwälte ein und verdrehte die Wahrheit, wann immer er Gelegenheit dazu hatte. Zu Beginn der Verhandlungen hatte er beispielsweise angegeben, es habe sich bei dem Schuss auf meinen Bruder Wilhelm lediglich um einen *»Warnschuss aus der Schreckschusspistole«* gehandelt. Tags darauf suchte ich zusammen mit meinen Mitarbeitern stundenlang die Umgebung der Mühle ab, bis wir die Patronenhülse fanden, die ich daraufhin der Staatsanwaltschaft vorlegte. So konnte festgestellt werden, dass es sich um scharfe Munition gehandelt hatte.

Das Gericht vernahm außerdem alle Feuerwehrleute, die am 3. Oktober 1962 meine Mühle besucht hatten und dadurch Zeugen der Tat geworden waren. Es handelte sich um insgesamt zwölf Personen, die eine nach der anderen einhellig berichteten, Willy Herter habe meinen Bruder angegriffen, ohne zuvor provoziert worden zu sein. Herter behauptete dagegen, er sei von mir und meinen Brüdern angegriffen worden und habe aus reiner Notwehr geschossen. Um diese Darstellung zu untermauern, ließ Herter die drei Prototyp-Angestellten vorladen, die ihn an jenem Abend zur Mühle begleitet hatten. Die drei Prokuristen, darunter Herters kaufmännischer Assistent Hans Fleischmann, schworen vor Gericht einen Eid darauf, dass Willy Herters Aussage der Wahrheit entsprach.

Für mich brach beim Anblick der drei schwörenden Herren im Anzug eine Welt zusammen. Hatte ich nicht mit eigenen Augen gesehen, wie Willy Herter die Pistole auf meinen Bruder gerichtet hatte? Konnte ich mich nicht an jede Sekunde und an jedes Detail dieses Überfalls erinnern? Wusste ich nicht genau, dass alle Aggression von Herter alleine ausgegangen war? Natürlich, ich wusste all das. Und doch musste ich nun hilflos mit ansehen, wie drei Menschen ihre Hand erhoben und das Gegenteil von all dem behaupteten. Für mich, der ich in einem kleinen Dorf aufgewachsen und von meinen Eltern streng katholisch erzogen worden war, bedeutete dieser Schwur einen tiefen Schock. Für mich war immer völlig undenkbar gewesen, dass so etwas Unerhörtes passieren kann. Ich werde mein ganzes Leben lang nicht vergessen, wie verstört ich an jenem Tag war, als ich aus dem Gerichtsgebäude heraus auf die Straße trat.

Ich war nicht der Einzige, der Zweifel an der Richtigkeit der Aussagen hatte. Selbst der Richter erklärte bei der Urteilsverkündung, es erscheine ihm fast unmöglich, dass zwölf biedere Bauernburschen aus Nordrach allesamt vor Gericht gelogen haben sollten. Dennoch habe er keine Wahl und müsse den drei Herren von Prototyp glauben, da diese unter Eid geschworen hatten. Der Prozess endete damit, dass Willy Herter zu einer Geldstrafe von 1.500 Mark verurteilt wurde. Dieser Urteilsspruch erschien mir geradezu lächerlich.

Von vielen Seiten wurde ich dazu gedrängt, die drei Prokuristen nochmals vor Gericht zu zerren und sie des Meineids zu bezichtigen. Ich war aber finanziell nicht mehr in der Lage, einen weiteren Prozess anzustrengen. Und ehrlich gesagt war ich auch froh darüber, dass die Auseinandersetzungen mit Prototyp und der Justiz endlich ein Ende gefunden hatten und ich mich auf die Arbeit in meiner Firma konzentrieren konnte.

13

Doch auch mit dem Ende der Prozesse war das Kapitel Prototyp in meinem Leben noch nicht ganz abgeschlossen. Zwei oder drei Jahre später suchten nacheinander Alfred Schmid, Dietmar Lauermann und Willy Herter das Gespräch mit mir und versuchten, mich für ihre jeweiligen Zwecke einzuspannen. Den Anfang machte Professor Schmid, der sich telefonisch bei mir meldete und sich im Namen der Firma für die Vorfälle entschuldigte. Er sagte, er habe wegen einer schweren Krankheit mehrere Monate in einem Schweizer Spital gelegen und sich daher nicht persönlich um die Angelegenheit kümmern können. Nun aber wolle er das Versäumte nachholen. Trotz meiner Verbitterung willigte ich ein, Schmid in meiner Nordracher Wohnung zu empfangen.

Der Besitzer der Prototyp-Werke kam nicht mit leeren Händen. Er bot mir ein monatliches Gehalt von 3.000 Mark, falls ich wieder zu Prototyp zurückkehren würde. Ich lehnte dieses Angebot sofort kategorisch ab. »*Meine Beziehung zu Prototyp ist zerbrochen*«, sagte ich zu Professor Schmid, der meine Antwort zerknirscht zur Kenntnis nahm und hartnäckig versuchte, mich doch noch umzustimmen. Er erklärte mir, dass Willy Herter fristlos entlassen worden sei. »*Und Dietmar Lauermann habe ich untersagt, weitere Prozesse gegen Sie zu führen*«, sagte Schmid wörtlich. Meine Absage an das Angebot war allerdings endgültig, Lauermann und Herter hin oder her. Ich wäre auch schlecht beraten gewesen, das Angebot anzunehmen, denn zum Zeitpunkt seines Besuches verdiente ich mit meiner Firma bereits mehr als 3.000 Mark in einem Monat. Schmid akzeptierte meine Haltung schließlich, und wir beide pflegten weiterhin einen freundschaftlichen Kontakt.

Nach meinem Treffen mit Professor Schmid verging ein gutes halbes Jahr, bevor ich wieder von Prototyp hörte. Elektromeister Walter Dietze überbrachte mir die Nachricht, dass Geschäftsführer Dietmar Lauermann eine Unterredung mit mir wünsche. Ich war sehr neugierig, was der Grund für ein solches Gesprächsangebot sein würde, und sagte sofort zu. Kurze Zeit später trafen meine Frau Else und ich in einem Steinacher Gasthaus auf einen gut gelaunten Dietmar Lauermann, der sich mir gegenüber sehr zuvorkommend verhielt und sich geduldig anhörte, was ich ihm über meine Empfindungen der Firma Prototyp gegenüber zu sagen hatte. Auch Lauermann unterbreitete mir nun ein Angebot.

Sein Vorschlag sah eine enge Kooperation zwischen meiner Firma und Prototyp vor. Ich sollte mich vertraglich verpflichten, alle Neuentwicklungen zuerst Prototyp zum Kauf anzubieten. Ich war an einer solchen Zusammenarbeit natürlich nicht im Geringsten interessiert, gab Lauermann gegenüber jedoch vor, mir die Sache überlegen zu wollen. Ich bat ihn, mir ein schriftliches Vertragsangebot vorzulegen. Sollte mir das Angebot zusagen, würde ich den Vertrag unterschrieben zurücksenden. Lauermann sagte sichtlich erfreut zu, und in der Tat erhielt ich wenige Tage später ein umfangreiches

Schriftwerk zugestellt. Darin wurde ich schmeichlerisch als hochtalentierter Techniker und Konstrukteur in solche Höhen gepriesen, dass jeder Leser unweigerlich den Eindruck haben musste, ich sei ein großes Genie.

Ich legte dieses Schriftstück tags darauf meinem Anwalt vor und bat ihn, es dem Oberstaatsanwalt zu übermitteln. Dieser soll beim Lesen erbost von seinem Stuhl aufgesprungen sein und geschrien haben: »*Wie kann so etwas möglich sein? Drei Jahre lang wurde Herr Junker als der größte Verbrecher dargestellt und nun heißt es auf einmal, er sei ein Supermensch!*« Die Geldstrafe, zu der ich vor Gericht verurteilt worden war, wurde daraufhin gestrichen. Ich hatte lediglich noch 50 Mark an das Rote Kreuz zu bezahlen. Meine Beziehung zu Dietmar Lauermann aber blieb bis zum heutigen Tag vergiftet.

Der einzige der drei Herren aus der Geschäftsleitung von Prototyp, der sich nicht mehr traute, mich persönlich zu treffen, war Willy Herter. Er bat stattdessen einen ehemaligen Prototyp-Prokuristen, der sich zwischenzeitlich in Ottersweier mit einer Werkzeug-Nachschärferei selbstständig gemacht hatte, sich mit mir zu treffen. Dieser Mann, ein Herr Wickersheimer, richtete mir aus, Willy Herter sei bereit, sich mit mir an einen Tisch zu setzen. Herter sei nach seiner Entlassung selbst unglücklich mit Prototyp, und nun, da wir beide gleichermaßen Geschädigte der Affäre seien, könnte man doch wieder ins Geschäft kommen. Herter bot mir über Wickersheimer an, die Vertretung meiner Neuentwicklung in ganz Deutschland zu übernehmen. Er sei für diese Aufgabe sehr qualifiziert, da er über gute Kenntnisse im Werkzeugbereich verfüge.

Herter tat gut daran, mit seinem Anliegen nicht persönlich bei mir zu erscheinen. Denn ich weiß nicht, wie ich reagiert hätte, hätte ich diesem Herrn in dieser Situation direkt gegenübergestanden. Wie konnte der Mann, der seine Mitarbeiter zu Falschaussagen veranlasst, auf meinen Bruder geschossen und mich an den Rand des Ruins gebracht hatte, die Unverschämtheit besitzen, nun durch meine Erfindungen Geld verdienen zu wollen? »*Sie können Herrn Herter ausrichten*«, sagte ich zu Wickersheimer, »*dass er sich die Mühe sparen kann, noch einmal den Kontakt zu mir zu suchen! Ich werde in meinem ganzen Leben nicht mehr das Bedürfnis haben, Willy Herter zu sehen!*« In der Tat habe ich Herter nie mehr wiedergesehen.

Ich weigerte mich übrigens auch in den Folgejahren, Maschinen an Prototyp zu liefern, obwohl man mich mehrfach geradezu darum anbettelte. Tatsächlich entstand für Prototyp ein deutlicher Wettbewerbsnachteil, da die Konkurrenz sich jede meiner neuen Konstruktionen kaufen konnte, Prototyp aber nicht. Erst Ende der 1970er-Jahre ließ ich mich erweichen und stimmte der Lieferung einer Maschine an Prototyp zu. Allerdings nur gegen einen Aufpreis von 100 Prozent, der mich sowohl für die damals aufgebrachten Prozesskosten als auch für die psychischen Belastungen in den Jahren meiner Betriebsgründung entschädigen sollte. Ich lud auch Dietmar Lauermann ein, meinen Betrieb zu besichtigen und besuchte im Gegenzug kurz darauf meine alte Wirkungsstätte Prototyp.

Wirklich gebessert hat sich das Verhältnis aber erst nach dem Ausscheiden Lauermanns aus der Geschäftsführung. Mit den Jahren wuchs mein eigener Betrieb zeitweise auf die doppelte Größe von Prototyp an, und in den Hallen von Prototyp stehen heute viele Maschinen mit der großen Aufschrift: »Maschinenfabrik Junker«. Ein Treppenwitz der Geschichte ist, dass Prototyp und Titex, jene Firma, die damals erster Interessent meiner ersten Nicht-Prototyp-Maschine gewesen war, seit 1993 beide zum schwedischen Sandvik-Konzern gehören und seit Oktober 2006 ihren Verkauf auf dem deutschen Markt gemeinsam organisieren.

14

Im Sommer 1962 fuhr mit schöner Regelmäßigkeit ein alter Volkswagen nach Nordrach und hielt vor der Mühle. Diesmal war der Fahrer aber niemand, der Schüsse auf mich abfeuern wollte. Andreas Hakenjos fuhr deshalb immer wieder von Villingen-Schwenningen nach Nordrach, weil er der erste Kunde meiner Firma war. Hakenjos hatte eine »SJ II A« bestellt, die erste TAP (auf Deutsch: Gewindebohrerspitzenschleifmaschine), die in der Mühle konstruiert wurde. Einen nicht unerheblichen Teil der Kaufsumme hatte er als Vorschuss bezahlt, und nun kam er häufig vorbei, um zu schauen, ob die kleine Maschinenfabrik Erwin Junker noch bestand oder schon pleitegegangen war.

Tatsächlich konnte damals wohl jeder verstehen, warum Hakenjos sich mit eigenen Augen von der Existenz meiner Firma überzeugen wollte. Denn die Mühle am Bachufer sah nicht im Geringsten nach dem vertrauenserweckenden Hauptsitz einer ambitionierten Firma aus. Bei dem Gebäude handelte es sich um eine Holzkonstruktion, deren Wände so dünn waren, dass man durch die Spalten und Risse hindurchschauen konnte. In die Mühle hinein gelangte man über eine Holztreppe, und drinnen war der rund 25 Quadratmeter große ehemalige Mühlraum zum Montageplatz umfunktioniert worden.

Bei jedem Schritt knarrte der Holzboden, doch das hörten wir nur vor dem Einzug. Auf dem Holz stand bald Maschine an Maschine, die alle durch ein Loch in der Wand über einen langen Riemen und zwei Transmissionen mit einer Turbine im Wasserkanal draußen vor der Mühle verbunden waren. Unermüdlich liefen die auf Schrottplätzen oder bei Gebrauchtwarenhändlern eingekauften und reparierten Maschinen, unermüdlich wurde drinnen gearbeitet, während draußen am Bach die Kinder spielten.

Wir hofften auf einen milden Winter, aber der Jahreswechsel 1962/63 war bitterkalt. Jede Nacht fror die Stellfalle zur Wasserregulierung ein, und wir waren morgens mehr als eine Stunde lang allein damit beschäftigt, das Eis wegzubrechen. In der Mühle war es genauso kalt wie draußen, und nur durch harte Arbeit konnten wir unsere Körper warmhalten. Bevor wir spätabends nach Hause gingen, wuschen wir unsere öligen Hände mit einem Stück Seife am Bach. Eine Toilette gab es in der Mühle nicht, und wer sich dringend erleichtern musste, suchte einen Baum in der Nähe oder lief hinüber zu einem nahegelegenen Bauernhof.

Doch wir hatten ein Ziel vor Augen: unsere erste Maschine zu bauen und die dann endlich auch auszuliefern, anstatt sie nur verplombt in der Ecke stehen zu sehen.

Andreas Hakenjos bekam seine »SJ IIA«: Als der Tag der Auslieferung gekommen war, halfen uns einige Feuerwehrleute, die schwere Maschine über Holzbohlen die Treppe hinabzuhieven. Gleich danach begann die Konstruktion der zweiten Maschine, dann folgte die dritte und die vierte. Die Mühle war bald viel zu klein, um darin noch vernünftig arbeiten zu können, und so wurde wenige Monate nach der Firmengründung eine erste bauliche Veränderung nötig. Meine drei Angestellten und ich mauerten einen zweimal sechs Meter großen, zweistöckigen Anbau und legten eine Wasserleitung in die Mühle hinein. Nun hatten wir endlich fließend Wasser, ein Blechwaschbecken zum Händewaschen und sogar eine kleine Toilette.

Ins Obergeschoss wurde ein Schreibtisch gestellt, und der Raum diente fortan als Büro. Dort stand bald auch eine Rechenmaschine, die damals auf dem neuesten Stand der Technik war. Sie kostete rund 2.000 Mark und war damit eindeutig die teuerste Anschaffung der Anfangsjahre. Die Maschine verfügte über ein kleines Ziffernblatt, über das man einfache Rechnungen eintippen konnte: Multiplikationen, Additionen oder Subtraktionen – Divisionen waren nicht möglich. Die Maschine begann laut zu rattern und druckte nach zehn bis 20 Sekunden ein Ergebnis aus. Alle paar Wochen hatte die Rechenmaschine einen Defekt, und ich beauftragte meinen ersten Mitarbeiter Hubert Bildstein mit der Reparatur. Er öffnete das Gehäuse und fand Hunderte von Hebeln und Schaltern vor: eine Menge Mechanik, die sich mit Geschick aber jedes Mal wieder herrichten ließ. Wie schnell sich die Zeiten geändert haben! Heute kann jeder Gratis-Taschenrechner viel mehr leisten als diese teure Maschine es damals vermochte. Aber nicht nur die Technik hat sich verbessert, auch meine Firma blieb in der Entwicklung nie stehen.

Teil des Fortschritts sollte auch ein Schild am Straßenrand sein, das den Firmenbesuchern den Weg zur Fabrik weisen würde. Dies war schon deshalb nötig, weil natürlich niemand eine Maschinenfabrik in der alten Mühle vermutet hätte. Meine Mitarbeiter und ich ließen deshalb ein Schild mit der Aufschrift »Maschinen- und Apparatebau Erwin Junker« anfertigen. Kaum stand es aber am Straßenrand, kam auch schon die Polizei und forderte uns auf, das Schild sofort wieder zu entfernen: Es handle sich um unerlaubte Werbung. Ich musste sogar einen Strafzettel bezahlen.

Bevor man in Deutschland den Durchbruch geschafft hat, ist man in den Augen der anderen ein Nichts – wenn man dann aber zu Geld gekommen ist, sieht die Welt ganz anders aus. Ich bin mir sicher, dass ich heute auch ungenehmigt so viele Schilder am Straßenrand anbringen könnte, wie ich nur will. Die Gemeinderäte würden in die Hände klatschen und rufen: »*Toll, durch die Werbung bekommen wir vielleicht noch mehr Gewerbesteuern!*« Ob ein Schild mehr oder weniger in der Landschaft steht, interessiert dann niemanden mehr.

Meine Firma fand den Erfolgsweg auch ohne Wegschild am Straßenrand. Schon 1965 wurde die Mühle zu klein für den laufenden Betrieb, und eine erste Fertigungshalle wurde auf der grünen Wiese erbaut.

15

Die Gerichtsverfahren mit Prototyp und der Schuss, den Willy Herter auf meinen Bruder Wilhelm abgefeuert hatte, waren natürlich die denkbar beste Werbung für meine junge Firma. Den zuvor beschriebenen Schwierigkeiten und dem finanziellen Druck zum Trotz produzierte meine Firma brav Maschine um Maschine. War ein Auftrag ausgeführt, so wurde die Maschine vor der Auslieferung an den Kunden einem anderen Interessenten vorgeführt. Wir nahmen damals nur genau so viele Aufträge an, wie wir auch Maschinen liefern konnten. Dadurch gab es keine Verzögerungen, und die Abnehmer waren mit den Produkten stets sehr zufrieden.

Die Konkurrenten der Firma Prototyp nutzten die Gelegenheit zum Kauf der Maschinen, und ich war emsig bemüht, immer neue Kontakte zu potentiellen Käufern meiner Konstruktionen zu bekommen. Unermüdlich traf ich mich mit den Vertretern vieler Firmen, machte den Namen der Maschinenfabrik Junker über die Region hinaus bekannt und baute bei den persönlichen Begegnungen mit Unternehmern und Einkäufern viel Selbstvertrauen auf. Meine Art, auf die Menschen zuzugehen und das persönliche Gespräch zu suchen, kam gut an, und ich erfuhr bei vielen Anlässen positive Rückmeldungen. Ich erinnere mich zum Beispiel daran, dass ein Firmenvertreter mir einmal sagte, ich sei mit meinen Konstruktionen der Zeit um zehn Jahre voraus. Solche Komplimente gaben mir natürlich eine Menge Zuversicht und den Mut, den eingeschlagenen Weg weiter zu beschreiten.

Dennoch blieb ich bescheiden und glaubte auch lange Zeit, dass mein Erfolg gar kein besonderer sei. Und das, obwohl die Auftragsbücher immer voll waren und ich problemlos noch mehr Aufträge hätte annehmen können. Es trotzdem nicht zu tun, empfinde ich als das größte Kunststück, das ich als Konstrukteur, Betriebsleiter und Geschäftsführer in jenen Jahren vollbrachte. Ich wollte den Betrieb zu Beginn bewusst klein halten, damit der Aufbau der Fabrik nachhaltig betrieben werden konnte. Die Zahl der Mitarbeiter stieg zwar jeden Monat, doch jeder neue Arbeiter musste zunächst eingearbeitet werden, und jeder neue Arbeiter brauchte auch mehr Platz, doch trotz des Hallenbaus 1965 stand nach wie vor nur begrenzt Raum zur Verfügung.

Erst als ich während der ersten Steuerprüfung meines Unternehmens im Jahr 1966 zum ersten Mal in die Finanzbücher schaute, fiel mir auf, wie groß mein Erfolg eigentlich war. Die Firma hatte ihren Umsatz im Vergleich zum Vorjahr allein in diesem Jahr um stolze 82 Prozent gesteigert – und meine Maschinenfabrik machte einen jährlichen Umsatz von rund einer Million Mark. Am Jahresende blieb ein Gewinn von knapp 300.000 Mark, der aber sofort wieder in Investitionen floss. Ich wollte mich nicht bereichern, sondern mir ging es in erster Linie darum, die Sache am Laufen zu halten und den Betrieb für die kommenden Jahre zu gewährleisten.

Bei der Betriebsprüfung 1966 hatte ich übrigens auch zum ersten Mal Probleme mit dem Finanzamt. Die Maschinenfabrik Junker machte in den ersten Jahren eine Umsatzrendite von mehr als 30 Prozent, was in der damaligen Zeit fast unvorstellbar war und wohl auch die Aufmerksamkeit des Finanzamts erregte. Vorgefallen war Folgendes: Ich hatte während der finanziell schweren Zeit – durch die Prozesse war ich ständig in Geldnot – in meinen Bilanzen die Konstruktionspläne meiner Maschinen aktiviert. Gegen diese Aktivierung hatte nie jemand etwas einzuwenden gehabt. Als ich aber anfing, mit der Firma Geld zu verdienen habe ich versucht, die Konstruktionspläne teilweise abzuschreiben. Das war meiner Meinung nach auch richtig, denn zu diesem Zeitpunkt war die Technik der ersten Maschinen schon wieder überholt, weil ich ständig neue erfand. Diese Abschreibung wurde mir nicht gebilligt, denn laut Finanzamt erlaubte das deutsche Gesetz dies nicht. Mir ist nie klar geworden, warum man mir die Aktivierung und damit das Steuerzahlen ermöglichte, nicht aber das Abschreiben.

Viel lieber als mit dem deutschen Steuerrecht beschäftigte ich mich mit meinen Erfindungen. Und Mitte der 1960er-Jahre gelang mir die Erfindung einer Weltneuheit, die meiner jungen Firma einen kräftigen Schub verschaffte: Ich konstruierte eine vollautomatische Nutenschleifmaschine für Gewindebohrer. Zuvor hatte es nur Maschinen gegeben, die entweder gerade, rechts- oder linksspiralige Nuten schleifen konnten. Meine Konstruktion aber konnte alle drei Arten schleifen, und dies obendrein noch fünfmal schneller als die herkömmlichen Maschinen. Mit einer einzigen solchen »NAJ II« konnte der Käufer mindestens fünf Arbeitskräfte einsparen oder anderweitig beschäftigen, und entsprechend lief der Verkauf der Maschine trotz des hohen Preises von 130.000 bis 150.000 Mark hervorragend.

Noch bis 1970 konnte die Maschinenfabrik ihren Umsatz jährlich verdoppeln, danach wuchs die Firma langsamer, aber stets im zweistelligen Prozentbereich. Schon sieben Jahre nach der Betriebsgründung war das Werk erneut zu klein geworden, um noch alle Mitarbeiter darin unterzubringen. Deshalb wurde ein großes Verwaltungsgebäude direkt an der Mühle errichtet; ein Jahr später erfolgte der Bau einer 1.260 Quadratmeter großen Fertigungshalle. Die Zahl der Mitarbeiter war zwischenzeitlich auf rund 100 angewachsen und erhöhte sich von nun an noch schneller, denn nach dem Anbau gab es in der Firma auch anständige sanitäre Anlagen und eine Kantine, in der alle Angestellten mittags verpflegt wurden. Auch die Menge der Akten, die sich in den paar Jahren seit dem Beginn meiner Selbstständigkeit angesammelt hatten, war beachtlich. Um all die Dokumente einzulagern, kaufte ich ein Haus im Ortsteil Kolonie. Es war kein gewöhnliches Gebäude, sondern eines, mit dem ich viele gute wie auch schlechte Erinnerungen verbinde: das ehemalige Schulhaus, das seit der Schulreform leer stand.

In der Nähe der Schule kaufte ich außerdem das Gasthaus Adler, das zur Jahrhundertwende noch das Zentrum des Ortsteils Kolonie gewesen war. Bei jeder Hochzeit, bei jedem runden Geburtstag oder auch zur alljährlichen Fasnacht traf man sich stets im Adler. Das Lokal hatte aber in der späteren Zeit schwer gelitten, nachdem im näheren Umkreis ein großes Sanatorium für Lungenkranke eingerichtet worden war. Die Berührungsängste waren damals groß: Niemand wollte ein Bier an einer Bar trinken, an der kurz zuvor noch ein Tuberkulose-Patient gesessen hatte. So musste das traditionsreiche Gasthaus einige Jahre später schließen. Ich kaufte das Restaurant auf und ließ es als Feinschmecker-Lokal neu einrichten, um die vielen auswärtigen Gäste meiner Firma in würdigem Rahmen bewirten zu können.

Mittlerweile war ich knapp 40 Jahre alt und unterschied mich deutlich von dem naiven Bub, der ich in meiner Kindheit gewesen war. Die Auseinandersetzung mit Prototyp und die harten Bemühungen um den wirtschaftlichen Erfolg hatten zu einer grundlegenden Veränderung meiner Einstellung und meines Verhaltens geführt. In den 1950er-Jahren war ich noch wie meine Mutter ein Mensch gewesen, der es allen rechtmachen wollte. Mein Ziel war es gewesen, alle Leute gleich zu behandeln und der Gemeinschaft zu dienen. Nun aber war ich zu einem Unternehmer geworden, der wusste, dass zum Erfolg eine eigene Meinung und eine gehörige Portion Rückgrat gehören. In einer Zeit, die vor allem von der allgegenwärtigen Obrigkeitshörigkeit geprägt war, bedeutete ein solcher Charakterzug einen klaren Vorteil, der sich in vielerlei Hinsicht auszahlte.

Mit viel Mut und jeder Menge Fleiß baute ich meine Firma unter der Maxime auf: »*Bevor die anderen das Wort ‚Wurst‘ gesagt haben, müssen wir die Wurst schon gegessen haben!*« Ein weiteres für mich persönlich sehr wichtiges Zitat, das meine Arbeitsethik treffend beschreibt, habe ich dem biblischen Buch Jesus Sirach entnommen: »*Was du auch tust, handle klug – und bedenke das Ende von dem, was du tust!*«

16

Ich war immer ein Mensch, der vorausdenken und manche späteren Entwicklungen schon früh prognostizieren und einschätzen konnte. Mir war zum Beispiel klar, dass ich als Fabrikant von über 50.000 Mark teuren Spezialmaschinen im

Deutschland der 1960er-Jahre einen denkbar kleinen Markt belieferte. Zwar musste jemand wie ich damals aufpassen, nicht zu viele Aufträge auf einmal anzunehmen. Doch es war abzusehen, dass diese Entwicklung irgendwann ein Ende haben und der Markt gesättigt sein würde. Ich machte mir Gedanken darüber, wie meine Firma auf eine solche Herausforderung reagieren könnte. Die Produktion von Massenware für einen größeren Markt war für mich nie eine Option, denn ich möchte beste Ware für einen Kreis von Kunden produzieren, der auch willens und in der Lage ist, den Preis für solche Produkte zu bezahlen.

Um diesen Weg weiter zu beschreiten, gab es nur eine Möglichkeit: Ich musste ins Ausland expandieren. Über diesen Schritt machte ich mir schon wenige Wochen nach der Betriebsgründung Gedanken, und eine erste Gelegenheit dazu ergab sich schon im Jahr 1963, als meine Firma noch sehr klein und die Gerichtsprozesse noch in vollem Gange waren. Der Vertreter einer Stuttgarter Firma, den ich noch aus Prototyp-Zeiten kannte, verschaffte mir Kontakt zur Firma Neumo in Knittlingen. Dort war man auf der Suche nach einem Experten für Gewindebohrfertigung, der für Neumo ein Gutachten über die Firma Towahy in der israelischen Stadt Haifa erstellen konnte.

Schon bei meinem ersten Treffen mit Neumo-Gründer Henry Ehrenberg war ich fasziniert von der Persönlichkeit dieses Mannes, der als jüdisches Kind den Krieg überlebt hatte – versteckt in einer Stuttgarter Wohnung. Nicht minder beeindruckend als der Mann war sein Wunsch: Ich fühlte mich geehrt, dass Ehrenberg ausgerechnet mich damit beauftragen wollte, ein Gutachten in Israel zu erstellen. Ich nahm das Angebot ohne Zögern an und saß im November 1963 neben Ehrenberg in einem kleinen Flugzeug, in das man damals noch in Schräglage über das höher gelegene Heck einsteigen musste. Wir flogen von Stuttgart über Zürich und Athen nach Tel Aviv. Am Flughafen erwartete mich ein Deutsch sprechender Chauffeur, der mich von nun an jeden Morgen in meinem Tel Aviver Hotel abholte und 120 Kilometer weit nach Haifa fuhr.

Der Aufenthalt in Israel war in jeder Hinsicht eine Bereicherung. Nicht nur unternahm ich meine erste Auslands- und Flugreise, sondern ich konnte auch etwas Abstand von den in Deutschland laufenden Gerichtsverfahren gewinnen. Vielmehr war ich begeistert, vor allem von der unvorstellbaren Leistung der Israelis, aus der Wüste fruchtbares Land zu machen. Schon beim Anflug auf Israel sah man genau, wo die Grenze zu den arabischen Nachbarstaaten verlief: Die dürre Ödnis wich grünen Feldern. Ich hatte auch Gelegenheit, das Umland zu sehen, wo arabische Frauen hart auf den Feldern arbeiteten, während ihre Männer Pfeife rauchend Karten spielten. Das Zusammenleben der Völker im Nahen Osten war damals noch sehr viel friedlicher als wir es heute aus den Nachrichten kennen. Der Towahy-Chef, der sehr gut Deutsch sprach, begleitete mich häufig zum Abendessen in arabische Restaurants und brachte mich am Sonntag sogar zum katholischen Gottesdienst nach Betlehem, obwohl der Sonntag in Israel ein gewöhnlicher Arbeitstag ist.

An einem Abend stellte mir mein Begleiter im Restaurant eine Dame mittleren Alters vor, mit der ich ins Gespräch über die Verfolgung und Ermordung der Juden im Dritten Reich kam. **Ich sagte, wie beschämt ich über mein Volk sei, das solche bestialische Taten zu verantworten hatte.** Die Dame hörte mir aufmerksam zu und legte schließlich ihren Unterarm frei: Darauf war eine Kennzahl eingebrannt. Sie war eine Auschwitz-Überlebende! Ich saß ihr einen Moment lang sprachlos gegenüber und wusste nicht, wie ich angemessen reagieren sollte. Doch zu meiner Erleichterung machte sie mir keine Vorwürfe, sondern interessierte sich im Gegensatz dazu sogar für meine Empfindungen. Diese Begegnung hat mich tief beeindruckt, und ich habe bis heute sehr großen Respekt vor der Dame.

Doch während meines Aufenthaltes in Israel brach auch eine traurige Nachricht über die Welt herein: Am 22. November 1963 wurde in Dallas der amerikanische Präsident John F. Kennedy ermordet. Am Abend dieses Tages führte mich Henry Ehrenberg zur amerikanischen Botschaft, wo sich mehrere hundert amerikanische Matrosen postiert und unzählige Menschen versammelt hatten. Die Atmosphäre war aufgeladen, es herrschte eine Stimmung zwischen Trauer und Wut. Jeder befürchtete den Ausbruch eines neuen großen Krieges, und ich als 32-jähriger Deutscher auf meiner ersten Auslandsreise im jüdischen Israel bekam es natürlich besonders mit der Angst zu tun.

Geschäftlich verlief die Reise für mich aber sehr gut. Henry Ehrenberg war mit meiner Arbeit zufrieden und wollte mich sogar zu einer Verlängerung meines Aufenthaltes überreden. Ich hätte dieser Bitte gerne entsprochen, musste aber wegen eines Gerichtstermins wieder zurück in den heimischen Schwarzwald. Ich kehrte zurück in meine kleine Mühle und berichtete meinen Angestellten von den israelischen Unternehmen, die ich während meiner Reise besucht hatte. Diese Verbindungen zahlten sich zwar nicht sofort aus, doch der Kontakt blieb bestehen. Wenige Jahre später lieferte die Maschinenfabrik Erwin Junker ihre erste Maschine nach Israel, und ich unternahm in den folgenden Jahren viele weitere Reisen ins Ausland.

17

Auch zu Hause in Nordrach hatte sich das Leben 20 Jahre nach dem Ende des verheerenden Weltkriegs stark verändert. Das deutsche Wirtschaftswunder hatte den Menschen einen bescheidenen Wohlstand und ein wenig mehr Zuversicht beschert. Die anfängliche Skepsis der Nordracher Bauern meiner Firma gegenüber ebbte mit der Zeit ab, und ich erfuhr mehr und mehr breite Zustimmung im Ort. Zwar hat sich keiner der Bauern mir gegenüber je positiv geäußert, aber ich spürte die wachsende Akzeptanz für einen industriellen Betrieb in der ländlichen Gegend. Zwischenzeitlich waren viele Nordracher auch auswärts als Arbeiter beschäftigt; der Möbelproduzent Hukla aus Gengenbach beispielsweise schickte jeden Morgen einen Bus, um seine Nordracher Angestellten abzuholen.

Meine Familie und ich bewohnten damals noch eine kleine Wohnung im Haus meiner Eltern. Doch mein Elternhaus war viele Kilometer von der Fabrik entfernt, was sich als zusätzliche Belastung erwies. Ich arbeitete wie ein Besessener, reiste viel und verbrachte ganze Nächte in der Firma. Da war es nur natürlich, dass ich mich nach einer neuen Wohnstätte für meine junge Familie umsah, um näher bei meinen Lieben zu sein.

Schon Ende der 1960er-Jahre zog ich deshalb in eine Villa unmittelbar neben dem Fabrikgelände. Der Begriff »Villa« ist hier vielleicht irreführend; meiner Firma ging es damals beileibe noch nicht so gut, als dass ich mir einen herrschaftlichen Wohnsitz hätte leisten können. Bei dem Haus handelte es sich um ein ehemals stattliches Wohngebäude, das sich der Chefarzt der Rothschild'schen Lungenklinik gegen Ende des 19. Jahrhunderts hatte bauen lassen. Als der Arzt Nordrach während der Judenverfolgung verlassen musste, wurde das Haus von einem Sägewerksbesitzer erworben. Dieser aber lebte über seine Verhältnisse und verkalkulierte sich bald darauf bei einem Holzgeschäft, sodass die Villa in den Besitz der Gemeinde überging.

Während der Wohnungsnot in den Nachkriegsjahren waren drei Familien in dem Gebäude untergebracht, und die Villa befand sich in den 1960er-Jahren in einem verwahrlosten Zustand. Die Gemeinde wollte das Haus schnellstmöglich verkaufen, und ich ergriff die Gelegenheit. Der vorige Hausbesitzer bewohnte damals noch immer eine Mietwohnung im Obergeschoss, und ich konnte nur das Erdgeschoss als Wohnung und als notdürftiges Büro nutzen. Während meine Frau schlief, zeichnete ich nachts oft an einem großen Zeichentisch im Raum nebenan. Wir hatten nicht einmal das Geld für die nötigsten Reparaturarbeiten am Haus und saßen im Winter oft in bitterkalten Räumen, weil die Beheizung der großen Räume mit den hohen Wänden zu teuer war. Weil der Fußboden zu kalt war, legten wir die Füße oft auf den Tisch.

Erst als die Geschäfte besser liefen, meine Firma durch die neu entwickelte Nutenschleifmaschine und den Werkshallenneubau einen Umsatzsprung erlebte und die Mieter auszogen, konnte ich das Haus herrichten lassen. Decken und Wände wurden neu eingezogen und sorgten für eine moderne Raumaufteilung mit kleineren Zimmern, die man auch sinnvoll beheizen konnte. Während der Umbauphase im Betrieb zog die Firmenleitung ins Obergeschoss der Villa. Ein Jahr später konnte meine Familie die Villa dann endlich als angemessene Wohnung nutzen. Selbst die Außenfassade wurde renoviert und strahlte bald wieder die herrschaftliche Größe aus, die der Bauherr ein halbes Jahrhundert zuvor angedacht hatte.

Auch im Innern des Hauses herrschte eine Stimmung vor, die noch von der »alten Schule« geprägt war. Als streng katholisch erzogener junger Mann waren meine Vorstellungen vom Eheleben durch die klassische Rollenverteilung geprägt. Das schien zunächst auch gut zu funktionieren. Meine beiden Kinder Inge und Manfred erlebten eine schöne Kindheit im behüteten Umfeld der Schwarzwaldgemeinde Nordrach. Vor allem Manfred entwickelte sich prächtig, er war ein sehr intelligentes Kind mit den verschiedensten Interessen und Talenten. Als Junge träumte er von einer Karriere als Musiker, schien aber auch in der Mathematik zu Hause zu sein. Wenn wir zusammen im Auto unterwegs waren, musste ich ihm während der Fahrt immer Rechenaufgaben stellen, die er kinderleicht lösen konnte und an denen er viel Spaß zu haben schien. Manfred konnte im Kopf schneller rechnen als ich mit der Maschine, und in der Schule schrieb er dauernd Einsen, ohne sich durch besonderen Fleiß auszuzeichnen.

Nach dem Abschluss der Grundschule wurden beide Kinder auf das Gymnasium versetzt: Inge besuchte fortan die Klosterschule in Offenburg, Manfred das Gengenbacher Gymnasium. Dort erlernten beide schon in jungen Jahren die englische Sprache, was mich als Vater stark beeindruckte, verfügte ich selbst doch über keinerlei Fremdsprachen-Kenntnisse. Ich erinnere mich, dass ich die beiden einmal auf eine Reise nach Mexiko mitnahm und die Kinder im Hotel allein ihr Essen bestellen ließ – natürlich auf Englisch. Mein Ziel war es stets, meinen Kindern die bestmögliche Ausbildung zukommen zu lassen und sie im Rahmen meiner Möglichkeiten nach allen Kräften zu fördern und zu fordern.

Meine Frau Else begleitete mich im Übrigen nie auf meinen Reisen. Dafür gab es verschiedene Gründe: Sie musste sich natürlich zu Hause um die Kinder kümmern, und mein

Geld hätte auch nicht gereicht, um für jede Reise zwei Flugtickets zu kaufen. Ganz zu schweigen davon, dass sie sich bei meinen vielen Firmenbesuchen wahrscheinlich nur gelangweilt hätte. In erster Linie aber begleitete mich Else deshalb nie, weil sie daran einfach kein Interesse hatte. Ohnehin stand die Entwicklung unseres Ehelebens unter keinem guten Stern. Zwar gab es zwischen mir und meiner Frau nie einen handfesten Streit, doch unsere Ansichten und Lebenseinstellungen unterschieden sich in wesentlichen Punkten so sehr, dass in der Wohnung stets eine unvollkommene Atmosphäre herrschte.

18

Spätestens seit der Erfindung der Nutenschleifmaschine »NAJ II«, die man mir im europäischen Ausland buchstäblich aus den Händen riss, brauchte meine Firma auslandserfahrene Mitarbeiter mit Fremdsprachenkenntnissen. Ich stellte zunächst einen Rentner ein, der vor dem Zweiten Weltkrieg ein Fotolabor in meinem Heimatdorf betrieben und nach dem Krieg in der französischen Verwaltung gearbeitet hatte. Er sprach nicht weniger als zwölf Sprachen und war eine echte Bereicherung für den Betrieb – denn die Konkurrenz konnte solche Männer damals nicht vorweisen.

Eine unserer Spitzenschleifmaschinen wurde über solche Kontakte nach Indien verkauft. Der Käufer bestand allerdings darauf, dass ich persönlich nach Indien fliege, um die Maschine in Betrieb zu nehmen. Ich beschloss, dieser Bitte nachzukommen, denn der indische Subkontinent versprach ein guter Markt zu sein. Aufgrund der englischen Kolonialvergangenheit waren in Indien zahlreiche Hersteller von Gewindebohrern, Fräsern und Spiralbohrern ansässig, und ich wollte gerne jede Gelegenheit ergreifen, um mit diesen Firmen in Kontakt zu kommen. Rolf Gathmann, Verkaufsleiter der Hamburger Vertreterfirma Holm und ein intimer Kenner Indiens, half mir bei der Vorbereitung dieser ersten großen Reise, die ich zur Kundenakquise im Mai 1967 plante. Leider machte er mich damals trotz seiner profunden Indien-Kenntnisse nicht darauf aufmerksam, dass der Mai mit seinem Monsunregen und der geradezu unvorstellbaren Luftfeuchtigkeit von über 90 Prozent der denkbar schlechteste Zeitpunkt für eine Indienreise ist.

Von Zürich aus flog ich zunächst nach Athen. Auf dieser ersten Flugstrecke saß ich neben einer älteren Frau, die, als sie hörte, dass ich auf dem Weg nach Indien war, sofort die Nase rümpfte. »*In Indien stinkt es*«, sagte sie und berichtete mir in wenigen Worten von einer Reise nach Indien, die sie einige Jahre zuvor mit ihrem Mann unternommen hatte. Ich konnte mit diesen Bemerkungen wenig anfangen und beschloss, nicht viel auf die Aussagen der Frau zu geben und mir selbst ein Bild zu machen. Doch ihre so klar formulierte Ablehnung Indiens steigerte meine Neugier auf das, was mich erwarten würde.

Ich erreichte Bombay um drei Uhr morgens und nahm von Indien tatsächlich zunächst nur den Geruch wahr. Schon auf der Rollbahn des Flughafens roch es plötzlich nach faulem Wasser, und in der feuchten Luft schien eine Menge Dreck zu hängen. Ich verließ das Flugzeug und machte mich auf den Weg zur Passkontrolle und zum Zoll. Ein Grenzbeamter streckte mir einen Einreiseschein entgegen, den ich aber nicht ausfüllen konnte: Er war auf Englisch geschrieben, und ich verstand auf dem kleinen Zettel nicht ein einziges Wort. Nachdem ich eine Weile unschlüssig vor dem Zoll gestanden hatte, nahm mir ein Zollbeamter den Schein aus der Hand und füllte ihn für mich aus, indem er von meinem Pass abschrieb. Danach reichte er mir einen weiteren Zettel, auf dem er gut 20-mal das Wort »Landratsamt« in die verschiedensten Rubriken eingefügt hatte; dieser Schein berechtigte mich zum Kauf von Alkohol in Indien.

In der dunklen Flughafenhalle erwartete mich ein deutscher Vertreter der indischen Firma Francis Klein, den mir Rolf Gathmann als Reisebegleiter organisiert hatte. Dieser Mann brachte mich in seinem Wagen zu meinem Hotel, und ich blickte voller Erstaunen aus dem Autofenster auf die mir so fremde Stadt. Auf den Bürgersteigen lagen hunderte Säcke, einer neben dem anderen. Ich fragte meinen Begleiter, ob ab nächsten Morgen denn die Müllabfuhr käme. Er lachte kurz auf und erwiderte: »*Herr Junker, in den Säcken schlafen Menschen.*« Ich starrte erneut aus dem Fenster auf das nächtliche Bombay und traute meinen eigenen Augen nicht. Tatsächlich erkannte ich nun Köpfe und Arme bei den Säcken, sah die Umrisse von menschlichen Gestalten. Das Elend auf den Straßen war ein Schock für mich. Ich hatte als Kind das Kriegsende in Deutschland miterlebt, aber die Zustände in Bombay mit all den hungernden Gestalten waren unbeschreiblich.

Dieser Eindruck verfestigte sich am nächsten Morgen, als ich nach einem Frühstück im Hotel zu der Firma aufbrach, die meine Maschine gekauft hatte. Ungläubig blickte ich auf die Arbeiter in dem Betrieb: Sie waren alle barfuß und trugen nur ein paar Lumpen am Körper; ihre Gesichter waren zerfressen von Hautkrankheiten. Ich musste mich bemühen, die Fassung zu bewahren, erklärte den Arbeitern aber gewissenhaft, wie die Konstruktion funktionierte. Ich zeigte ihnen, wie man die Maschine in Gang setzt und machte ihnen vor, wie Spitzen richtig eingespannt und geschliffen wurden. In keiner Sekunde hatte ich dabei das Gefühl, von irgendjemandem verstanden zu werden, und ging abends mit gemischten Gefühlen zum Abendessen mit dem Geschäftsinhaber. Als ich aber am nächsten Morgen wieder zur Fabrik kam, erzählten mir die Arbeiter freudestrahlend, sie verstünden das Prinzip der Maschine hervorragend und hätten sie schon dreimal für andere Abmessungen umgestellt. Ich war verblüfft von der Intelligenz dieser Menschen, die ich aufgrund des ersten Eindrucks zunächst falsch eingeschätzt hatte.

Mein Begleiter hatte mich gewarnt, in Indien niemals auf der Straße etwas zu trinken oder zu essen. Ich hielt mich auch strikt an diesen Ratschlag, litt aber nach einem Essen am Flughafen unter einer schweren Magen-Darm-Infektion. In den folgenden Stunden und Tagen hatte ich schweren Durchfall, musste nachts zehn- bis 20-mal aufstehen und versorgte mich jeden Tag in den Apotheken mit immer neuen Medikamenten, um die Weiterreise überhaupt durchstehen zu können. Zusammen mit dem Francis-Klein-Mitarbeiter besuchte ich drei Wochen lang jeden Tag mindestens eine Firma, machte Werbung für die Produkte aus meinem kleinen Nordracher Betrieb und hielt Ausschau nach einem Unternehmen, das als Kunde für mich in Frage kam.

Nach etwa anderthalb Wochen trafen wir auf einen Hersteller von Kreissägeblättern, der mich einige Monate zuvor in Deutschland besucht hatte. Er zeigte sich sehr besorgt um meinen Magen, und nachdem ich ihm die Symptome geschildert hatte, telefonierte er sofort mit seiner Frau, die Medizin für mich richten ließ. Sein Chauffeur fuhr daraufhin davon und kam wenig später mit zwei Flaschen voller milchiger Flüssigkeit wieder zurück. Er sagte mir, ich solle jeden Morgen und jeden Abend ein Glas davon trinken. Ich dankte herzlich und trank fortan im Hotel zweimal täglich brav meine Medizin. Viele Deutsche hätten an meiner Stelle gefragt, um welche Flüssigkeit es sich genau handelte und welche Nebenwirkungen zu befürchten waren. Ich aber war für solche Fragen zu anständig – und mir genügte es zu wissen, dass der rührige Unternehmer und seine Frau mir das Mittel in bester Absicht reichten. Dieses Vertrauen zahlte sich aus: Nach zwei Tagen war ich geheilt.

Berührungsängste hatte ich fortan gar keine mehr, aß auch neugierig die Mangos, die ein Geschäftsmann für mich von einem Baum pflückte. Ich war erstaunt über den einzigartigen Geschmack, der mich ein wenig an Petroleum erinnerte. Als Jahre später auch in Deutschland Mangos verkauft wurden, habe ich diese Note nie mehr herausgeschmeckt. In Indien lernte ich, dass es überall auf der Welt Speisen und Getränke gibt, die genauso gut oder schlecht sind wie die Gerichte, die wir aus unserer heimischen Küche kennen. Man muss sich die Spezialitäten nur von jemandem empfehlen lassen und aufgeschlossen genug sein, um sich auf die Erfahrungen immer wieder aufs Neue einzulassen.

Ich nahm all die kulturellen Unterschiede und Sitten in Indien hin, ohne viele Gedanken an sie zu verschwenden. Dabei gab es einiges zu sehen, was für mich als Europäer sehr ungewohnt und auch unappetitlich war. Ich erinnere mich zum Beispiel, wie ein Kellner in einem der besten Restaurants von Kalkutta mit seinem Serviertuch zunächst seinen Schweiß von der Stirn tupfte und dann mit demselben Tuch unsere Teller abrieb. Oder wie ich einen meiner Anzüge zur Reinigung gab und dieser zehn Zentimeter kürzer wieder in mein Hotelzimmer gebracht wurde. Ich nahm diese Umstände ohne Klagen hin und versuchte, ihnen etwas Positives abzugewinnen – immerhin hatte ich auf der Rückreise weniger Gepäck zu tragen, weil ich den Anzug nicht mehr mit nach Deutschland nehmen musste.

Viel Zeit für touristische Unternehmungen blieb mir bei dieser großen Auslandsreise nicht. Ich war nur am Geschäft interessiert und reiste stur von Firma zu Firma. Das verschaffte mir einen groben Einblick in die indische Industrie und ermöglichte mir, recht genau einzuschätzen, welche Chancen für meine Firma in den folgenden Jahren bestanden, dorthin Maschinen zu verkaufen.

19

Das Kerngeschäft spielte sich natürlich nach wie vor in Deutschland ab. Die aus den Auslandsreisen resultierenden Aufträge machten in den Anfangsjahren nur einen kleinen Teil des Auftragsvolumens meiner Firma aus und waren eher als Investition in die Zukunft anzusehen. Doch zu Hause in Nordrach schienen der Entwicklung meiner Firma Grenzen gesetzt zu sein, denn mit dem zunehmenden Erfolg meiner Maschinenfabrik wurde immer offensichtlicher, dass die Infrastruktur in meiner Heimatgemeinde nicht für den Betrieb eines größeren Unternehmens ausreiche. Oder, um es mit anderen Worten auszudrücken: In Nordrach fehlte es einfach an allem, was man zum Aufbau einer funktionierenden Firma brauchte.

Das fing schon mit dem Anfahrtsweg zu meiner Firma an. Die Mühle lag an einem kleinen Kanal, was auch wichtig war, denn wir brauchten das Wasser zum Antrieb der Turbinen. Nun führte über den Kanal aber eine kleine Brücke, und nur über diese konnte man zum Mühleneingang gelangen. Die Brücke bestand aus gehauenen Sandsteinen, die in einer Länge von drei Metern einfach über den Bach gelegt worden waren. Über diese Brücke, für die es natürlich keine Statik gab und über die jahrzehntelang nur Bauern mit Pferdefuhrwerken gefahren waren, sollten nun Lkw fahren, um den Betrieb zu beliefern oder die fertigen Maschinen abzuholen. Viele Fahrer weigerten sich, über die Brücke zu fahren, weil niemand sagen konnte, ob sie unter dem tonnenschweren Gewicht der Fahrzeuge nicht irgendwann zusammenbrechen würde. In vielen Fällen mussten wir schon vor der Brücke abladen und die schweren Maschinen mit bloßen Händen 100 Meter weit über die Brücke und zur Mühle tragen.

Es gab damals in Nordrach auch kein aus gewiesenes Industriegebiet, und selbst für den Bau von Wohnhäusern stand nur sehr begrenzt Raum zur Verfügung. Das Fehlen eines geeigneten Restaurants zur angemessenen Versorgung der Gäste aus dem In- und Ausland hatte ich durch den Kauf des Gasthauses Adler selbst in die Hand nehmen müssen. Und auch die Wasserversorgung war mehr schlecht als recht, denn die Wasserleitungen waren dünn und brüchig. Als Unternehmer und stellvertretender Bürgermeister, der zwischenzeitlich auch in den Kreisrat gewählt worden war – was bis dahin keinem einzigen Nordracher Bürgermeister gelungen war – sah ich die Möglichkeit, etwas zu verändern, und ich sah mich in der Pflicht, diese Gelegenheit auch zu nutzen.

Das dringlichste Problem zu jener Zeit war fraglos das Fehlen einer Landfläche, die zur industriellen Entwicklung genutzt werden konnte. Die Gemeinde war nicht im Besitz eines geeigneten Baugebietes und musste deshalb Land erwerben. Das Areal, auf dem meine Firma ihren Sitz hatte, eignete sich wie kein zweites als Standort für ein zukünftiges Industriegebiet. Direkt am Ortseingang gelegen, war die Landfläche vom eigentlichen Dorfkern ein gutes Stück weit entfernt, sodass keine rauchenden Schlote und unschönen Industriegebäude neben dem pittoresken Bild der Pfarrkirche zu befürchten waren. Gleichzeitig war der Anfahrtsweg relativ kurz, und die grüne Wiese um meine Firma herum bot ausreichend Platz für die Ansiedlung von mehreren Betrieben.

Der Besitzer der Landfläche war mein Nachbar und Jugendfreund Heinrich Schwarz, den man in Nordrach nur den »Schwarzenbur« nannte. Schwarz war bereit, das Landstück abzugeben, wollte es aber nicht verkaufen. Denn ein Erbvertrag hätte ihn dazu verpflichtet, in diesem Falle einen Teil abzugeben, wozu er nicht bereit war. Ich kam deshalb auf die Idee, ihm einen Landtausch anzubieten: Die Gemeinde würde ein lukratives Waldstück aus ihrem Besitz gegen bebaubares Land tauschen. Heinrich Schwarz war von dieser Idee sofort angetan, Probleme bereitete aber das Forstamt in Zell am Harmersbach.

Nun ergab sich die besondere Situation, dass zu jener Zeit der Landkreis Wolfach, dessen Abgeordneter ich war, aufgelöst wurde und im vergrößerten Kreis Ortenau aufging. Der Wolfacher Landrat Werner Ackenheil, ein studierter Jurist, wurde damit arbeitslos. Durch seine langjährige Erfahrung im Deuten und Anwenden von Gesetzen einerseits und im Diskutieren und Überzeugen andererseits eignete er sich wie kein Zweiter für das Aushandeln der Tauschverträge zwischen der Gemeinde und dem Landbesitzer unter Berücksichtigung der Wünsche und Vorgaben des Forstamts. Ich stellte den ehemaligen Beamten daher in meiner Firma ein und beauftragte ihn mit der Klärung der Sachverhalte – natürlich auf meine Kosten.

Dieser Schachzug erwies sich als gute Investition in die weitere Entwicklung meiner Firma, denn Ackenheil brachte tatsächlich eine Einigung zwischen Heinrich Schwarz, der Gemeinde und dem Forstamt zustande. Die Gemeinde Nordrach tauschte letztendlich 25 Hektar schlagbaren Wald gegen zwölf Hektar bebaubares Land, das kurz darauf auch als Baugebiet ausgewiesen wurde. Diese Lösung sorgte für zufriedene Gesichter bei allen Beteiligten. Ackenheil, der mit seinem juristischen Fachwissen einiges hatte bewirken können, verblieb noch für einige Zeit in meiner Firma.

Natürlich musste auf der neu erschlossenen Fläche nun auch eine ausreichende Wasserversorgung gewährleistet werden. Die Mehrheit des Gemeinderats sprach sich zunächst dafür aus, eine Quelle im Gemeindewald zu fassen, die immerhin zwei Sekundenliter Wasser führte. Ich setzte mich aber vehement dafür ein, eine andere Quelle im Hintertal zu nutzen. Diese lag zwar im Staatswald und war damit Eigentum des Staates, lieferte aber fünfmal mehr Wasser. Mit viel Mühe gelang es mir, eine Mehrheit für diesen Vorschlag auf meine Seite zu bringen. Die Vorteile lagen auf der Hand: Zum einen konnten so auch die im Hintertal gelegenen Häuser an die öffentliche Wasserversorgung angeschlossen werden, zum anderen blieb die dorfnahe Quelle für eine Erschließung zu einem späteren Zeitpunkt erhalten – ein natürliches Reservat für Zeiten, in denen Wasser zu einem immer kostbareren Gut werden wird.

Ich war aber nicht bei all meinen Anliegen so erfolgreich wie in diesem Fall. Ende der 1970er-Jahre zum Beispiel begann man sich in Nordrach Gedanken über die Sanierung der Hauptstraße zu machen, die mitten durchs Dorf verlief. Ich hatte bei meinen Reisen die Nachteile des Automobils kennen gelernt und plädierte daher dafür, den Ortskern zur autofreien Zone zu machen und eine Fußgängerzone einzurichten. Die dafür nötige Umgehungsstraße hätte mit den Mitteln der Gemeinde finanziert werden können, und das nötige Gelände war ebenfalls vorhanden. Ich stieß mit diesem Vorschlag aber auf erbitterten Widerstand bei den Einzelhändlern im Ortskern. Die Schneider, Lebensmittelhändler und Friseure fürchteten um ihr Geschäft, sollten die Bürger nicht mehr mit dem Auto bis direkt vor das Geschäft fahren können. Die späteren Jahre zeigten, dass meine Vision der Gemeinde sehr gut getan hätte; aber im Leben setzt sich nicht immer die richtige Idee durch.

20

Im Jahr 1969 unternahm ich – in der Touristenklasse – meine erste große Weltreise, die mich innerhalb von vier Wochen von Brasilien nach Argentinien, über die Osterinsel und Tahiti nach Australien, von den Philippinen nach Japan bis in die USA führte. Ich flog am Aschermittwoch in Frankfurt ab und erreichte noch am selben Tag Rio de Janeiro. Meine Kunden dort waren allesamt verwundert darüber, dass ich so kurz nach dem weltberühmten »Karneval in Rio« ankam.

Die meisten anderen Geschäftsreisenden legten ihre Route so, dass sie zunächst feiern und danach arbeiten konnten. Aber ich war nicht wie die anderen, denn mir lag nichts am Faschingstrubel – ich wollte Geschäfte machen. Ich ließ meine Koffer in einem Hotel in Rio zurück und flog gleich weiter nach São Paulo, wo ich einige interessante Verträge für meine Firma abschloss.

Begeistert war ich aber vor allem von Argentinien. Von all den Ländern, die ich in meinem Leben bereist habe, hat mir keines so gut gefallen wie die Republik der Gauchos. Dort herrschten Verhältnisse wie in Mitteleuropa: Die Mentalität der Menschen ist der europäischen sehr ähnlich, das Wetter ist stets ein wenig besser und das Lebensgefühl sprach mich bei jedem meiner zahlreichen Besuche in Argentinien immer wieder aufs Neue an. Bei der Weltreise 1969 hielt ich mich aber nur wenige Tage in Buenos Aires auf, um einige Geschäfte mit unseren argentinischen Kunden anzubahnen. Bei den Verhandlungen kam mir mein Verkaufstalent sehr entgegen: Ich gewann immer mehr den Eindruck, dass ich selbst einem Eskimo einen Kühlschrank würde verkaufen können.

Bei der Weiterreise nach Australien gab es aber Probleme: Ich hatte einen Flug mit Quantas nach Tahiti gebucht, die Fluggesellschaft befand sich jedoch im Streik. Ich suchte deshalb ein Reisebüro in Argentinien auf, um einen anderen Flug nach Tahiti zu buchen. Im Reisebüro traf ich auf einen anderen deutschen Reisenden, der mir mit einem Scherz einen gehörigen Schrecken einjagte: »*Sie wissen doch, Herr Junker, dass Sie auf dem Weg nach Tahiti einen Zwischenstopp auf der Osterinsel einlegen müssen?*«, fragte er mich, und ich schüttelte den Kopf. Von einem solchen Zwischenstopp hatte ich nicht gewusst. Er fuhr fort: »*Was machen Sie, wenn Ihre Maschine nicht auf der Osterinsel landen kann, weil der Pilot im Nebel die Landebahn nicht finden kann? Für einen Rückflug nach Santiago reicht das Kerosin im Tank nicht aus!*« Nachdem ich das gehört hatte, stieg ich mit einem mulmigen Gefühl im Magen in den Flieger ein und war innerlich sehr unruhig, als der Pilot beim Anflug auf die Insel tatsächlich zu kreisen begann. Allerdings wollte der Pilot lediglich den Passagieren einen besseren Blick auf die Vulkankrater ermöglichen, und ich landete nach einem zehnstündigen Flug wohlbehalten auf der Landebahn der Osterinsel im Südostpazifik.

Schon beim Anflug hatte ich aus dem Fenster gesehen, dass die Rollbahn des Flughafens wohl die einzige asphaltierte Strecke auf der ganzen Insel war. Die Abfertigung fand in einem Holzschuppen statt, der nicht einmal auf befestigtem Untergrund stand. Während das Flugzeug aufgetankt wurde und wir auf den Weiterflug warten mussten, lud man die Passagiere zu einer Rundfahrt in Jeeps ein. Ich verstand zwar kein Wort von all dem, was der Reiseleiter sagte, kletterte aber auf einen der offenen Jeeps und ließ mir die weltbekannten kolossalen Steinfiguren zeigen. So eindrucksvoll die Statuen waren, so schmutzig waren auch wir nach der Rückkehr zum Flughafen. Nach der schnellen Fahrt über die staubigen Sandpisten gab es am Flughafen keinerlei Waschgelegenheit, so dass alle Passagiere mit einer dicken Schmutzschicht auf der Haut wieder ins Flugzeug stiegen. Unter der Dusche eines Hotels auf Tahiti erschrak ich darüber, wie viel Dreck an meinem Körper war.

Nach einer weiteren Zwischenlandung auf den Fidschi-Inseln erreichte ich tags darauf endlich Australien: das Land, das herauskäme, würde man Amerika und England in einen großen Topf werfen und kräftig umrühren. Von Melbourne aus besuchte ich eine Woche lang alle Betriebe der Werkzeugindustrie, die als Kunden für meine Firma in Frage kamen. Dabei unterschrieb ich einen Verkaufsvertrag über eine Ankerwellen-Richtmaschine bei der Firma Black & Decker und knüpfte viele weitere Kontakte, aus denen sich in den Monaten nach meiner Rückkehr zahlreiche wertvolle Geschäfte ergaben. Für die Zeit in Australien hatte man mir allerdings einen Reisebegleiter zur Seite gestellt, der kein Deutsch sprach, was für mich natürlich wenig hilfreich war.

Kurz darauf lernte ich in Australien aber einen interessanten Deutschen kennen, der nach dem Zweiten Weltkrieg als Wissenschaftler nach Australien gekommen war, ähnlich wie Wernher von Braun nach Amerika gegangen war. Dieser Deutsche hatte das Land schon in den 1930er-Jahren erstmals bereist und konnte mir einiges über das Land und die Leute erzählen. Er erzählte mir, dass dreißig Jahre zuvor doppelt so viele Zwischenlandungen nötig gewesen waren, um Australien zu erreichen. Ich war fasziniert von den Geschichten dieses Mannes und lauschte stundenlang seinen Erzählungen über das Reisen in früheren Jahren. Als ich mich schließlich von ihm verabschiedete, reichte er mir die Hand und sagte: **»Herr Junker, Sie sind noch jung, aber merken Sie sich eines: Die Deutschen werden in der Welt geschätzt für das, was sie können. Aber gemocht werden sie von niemandem.«** Ich habe seit dieser Begegnung in Australien oft über diesen Satz nachgedacht, und ich musssagen: Im Wesentlichen hatte der alte Mann mit seiner Bemerkung Recht.

Meine Reise führte mich von Australien zunächst auf die Philippinen, wo ich mir einen groben Überblick über die Geschäftsmöglichkeiten im Land verschaffen wollte. Ich fand jedoch keinen einzigen Betrieb, der als Kunde für meine Maschinen in Frage gekommen wäre. Diese Erkenntnis unterstrich einen Eindruck, den ich schon seit geraumer Zeit gehabt hatte: Nur diejenigen Staaten, die ehemals zum British Empire gehört hatten, waren industriell entwickelt. Wahrend dieser Teil der Reise also geschäftlich ein Reinfall war, hatte ich aber auch hier wertvolle Begegnungen. In einem Hotel in Manila traf ich zum Beispiel einen deutschen Manager. Mit ihm an der Hotelbar zu sitzen und auf Deutsch zu sprechen war ein angenehmer Erholungsmoment auf der langen Reise. Nachdem ich mich auf den vielen Stationen meiner Reise so oft nur mit viel gutem Willen durchgeschlagen hatte, saß ich hier bei einem angenehmen Gespräch und konnte endlich wieder einmal durchatmen.

Ganz anders war Japan. Hier empfing mich ein Vertreter, dessen Vater ein deutscher Gelehrter und dessen Mutter eine hübsche Japanerin war. Der Mann hatte in Deutschland studiert und sprach hervorragendes Deutsch, seine Muttersprache aber war Japanisch. Er beeindruckte mich vor allem dadurch, dass er im Besitz der japanischen Lizenzen von Felix Wankel war, jenem Deutschen, der den innovativen Wankel-Motor erfunden hatte. Der Deutschjapaner fuhr denn auch einen aus Deutschland importierten RO 80 von NSU, das einzige deutsche Fabrikat, in dem je ein Wankel-Motor Verwendung gefunden hatte. Ich verstand mich sehr gut mit dem Vertreter, der mir unter anderem den wundersamen Fujiyama zeigte, einen Berg wie eine Pyramide, und der mir bei späterer Gelegenheit auch Felix Wankel persönlich vorstellte.

Das Land der aufgehenden Sonne gefiel mir ausgesprochen gut, vor allem wegen der beispiellosen Sauberkeit und der ausnehmenden Höflichkeit, mit der die Leute einander begegneten. Ein japanischer Taxifahrer trug stets weiße Handschuhe und war zu stolz, um auszusteigen und dem Fahrgast die Tür zu öffnen. Stattdessen drückte er vorne auf einen Knopf, worauf sich hinten die Türen öffneten. Solche Beobachtungen festigten meinen Eindruck von Japan als fortschrittlichem und modernem Staat. Ich verließ das Land mit vielen bleibenden Eindrücken. Ein Japaner, das hatte ich schnell begriffen, würde sich niemals die Blöße geben, einen anderen Menschen anzubetteln. Ostasien erschien mir äußerst verschieden zu sein von dem, was ich etwa in Indien gesehen hatte.

Den Weiterflug in die Vereinigten Staaten hatte ich in einem Jumbo gebucht, und ich war voller Vorfreude auf das Fliegen in einem solchen Riesenflugzeug. In der Abflughalle wurden die Passagiere aber darüber informiert, dass der Flug verschoben werden musste. Wegen Hitze in den Triebwerken war eine Reparatur nötig geworden. Erst nachdem alle Passagiere auf Kosten der Fluggesellschaft eine Nacht im Hotel verbracht hatten, hob der Jumbo am Morgen in Richtung Hawaii ab. Dort hatte ich nur einen kurzen Stopp, während das Flugzeug auftankte. Doch es war interessant, die Insel mit dem klingenden Namen wenigstens einmal gesehen zu haben. Ich erreichte schließlich Los Angeles und machte mich auf die Suche nach Abnehmern für meine Maschinen, wurde hier aber ebenso wenig fündig wie in Chicago. Mir wurde auf dieser Reise klar, dass Geschäfte mit der amerikanischen Werkzeugindustrie nur an der Ostküste in Neuengland möglich waren. Diese Gegend bereiste ich aber erst einige Zeit später, denn meine vierwöchige Weltreise endete in Illinois.

Im gleichen Jahr unternahm ich übrigens noch eine weitere große Reise, die mich erneut nach Indien führte. Während der Aufenthalt dort keine nennenswerten Erlebnisse mit sich brachte, kam es auf der Zugfahrt vom Frankfurter Flughafen zurück in den Schwarzwald zu einer schicksalhaften Begegnung. Ich hatte mich durch die Klimaveränderung zwischen Bombay und Frankfurt erkältet, und mir gegenüber im Abteil saß eine 17-jährige Schönheit, die mir ein Halsbonbon reichte. Ich kam mit ihr ins Gespräch und gab ihr aus irgendwelchen Gründen meine Visitenkarte. Danach habe ich mehr als zehn Jahre lang nichts von ihr gehört, bis sie mich plötzlich anrief – ein folgenschweres Telefonat, von dem ich aber später berichten werde.

21

Doch nicht nur fernab der Heimat gab es für mich etwas zu tun und zu erleben. Anfang der 1970er-Jahre drohte in meinem Geburtsort Nordrach eine Schändung des Stolzes der gesamten Gemeinde: der Pfarrkirche St. Ulrich. Seit dem Beginn des 20. Jahrhunderts bildet die im neugotischen Stil errichtete Kirche den Mittelpunkt des Dorfes und ist für ihre Schönheit in der gesamten Region bekannt. Man nennt das Gotteshaus mit seinem 63 Meter hohen Turm manchmal sogar voller Hochachtung »das kleine Münster des Kinzigtals«.

Im Innern des Kirchenraums erstrahlt ein wunderschöner, aus Holz geschnitzter und bemalter Hochaltar, der mit Szenenbildern des »Schmerzhaften Rosenkranzes« das Erlösungswerk veranschaulicht. Nach dem Zweiten Vatikanischen Konzil tauchten in Nordrach plötzlich zwei Vertreter des Erzbischöflichen Ordinariats aus Freiburg auf und verkündeten, in allen Kirchen müssten die Hauptaltäre entfernt werden. In Zukunft werde der Priester während des Gottesdienstes zum Volk gewandt sprechen. Im Kirchenschiff müsse daher ein Pult aufgestellt werden und der alte Hochaltar und die beiden Nebenaltäre würden nicht mehr benötigt.

Ich gehörte damals als gewählter Vertreter des Nordracher Gemeinderats dem Stiftungsrat der Gemeinde an und war anwesend, als die beiden Gesandten des Ordinariats diesem Gremium ihr Anliegen vortrugen. Die übrigen Stiftungsräte waren vornehmlich ältere Bauern, allesamt streng katholisch und ebenso streng konservativ. In ihrer Hörigkeit den Kirchenmännern gegenüber hätten sie dem Entfernen des schönen Hochaltars wohl ohne jedes Zögern zugestimmt.

Ich aber fand, dass jeder falsche Respekt dem Ordinariat gegenüber fatale Folgen für unsere Pfarrkirche gehabt hätte. Ich hatte weite Reisen unternommen und viele Kulturdenkmäler gesehen, auch solche, deren Herzstücke man im Zuge von Revolutionen und Kriegen zerstört hatte. Ich war fest entschlossen, die Nordracher Pfarrkirche vor einem solchen Schicksal zu bewahren.

Ich glaube, dies nicht nur meinen Mitbürgern schuldig zu sein, sondern vor allem auch meinem Großvater Ludwig. Der war um die Jahrhundertwende ebenfalls Stiftungsrat gewesen und hatte beim Bau der Kirche mit eigenen Händen angepackt. Sein Name war deshalb auf einer der sechs großen Kirchenglocken verewigt worden, und ich war felsenfest davon überzeugt, dass ein Entfernen des Hochaltars nicht in seinem Sinne oder im Sinne irgendeines Erbauers der Kirche gewesen wäre. Die Nordracher Bevölkerung hatte den Bau der Kirche zwischen 1900 und 1905 dreimal einstellen müssen, weil das Geld ausgegangen war. Jedes Mal wurden wieder Spenden gesammelt, so lange, bis das große Gotteshaus endlich fertiggestellt werden konnte. Und nun, gerade 70 Jahre später, sollte die Enkelgeneration dieser Spender der Zerstörung des Kircheninnern zustimmen?

Ich sagte dies auch den beiden Herren vom Ordinariat. Diese aber blieben stur bei ihrer Meinung und beriefen sich auf unumstößliche Entscheidungen in Rom und Freiburg. Als ich das hörte, wurde ich wütend. »**Wenn irgendjemand Hand an diesen Altar legt**«, rief ich laut, »**werde ich mit meiner gesamten Belegschaft herkommen und die Kirchenschänder hinauswerfen!**« **Ich drohte damit, die Kirchentüren so lange mit schweren Ketten zu verriegeln, bis man in Freiburg zur Vernunft kommen würde.** Meine Ratskollegen saßen nach meiner Rede schweigend am Tisch, starr vor Schrecken darüber, dass ich als Jüngster den Mut besaß, mich gegen die Freiburger Gesandtschaft zur Wehr zu setzen.

Doch mein Einsatz hatte Erfolg. Die Entscheidung wurde zunächst vertagt, und während die Nachbargemeinden ihre prächtigen Altäre unwiederbringlich verloren, blieb der Hochaltar in St. Ulrich ebenso erhalten wie die beiden kleinen Nebenaltäre. Auch die Kanzel wurde entgegen den ursprünglichen Plänen nicht entfernt, allerdings wurde der Treppenaufgang zur Kanzel weggerissen und verschwand, genau wie die Beichtstühle im linken Seitenflügel. Doch diese Verluste waren gering, wenn man bedenkt, dass zum Beispiel in der Stadtkirche Zell am Harmersbach seit Jahrzehnten vor einer kahlen Wand gepredigt werden muss.

Ein Vierteljahrhundert später nahm ich an der Beerdigung eines alten Kameraden in der Pfarrkirche teil und bemerkte erstaunt, dass der alte Altar mit den Jahren stumpf geworden war und sein golden leuchtendes Strahlen verloren hatte. Bei einer Untersuchung wurde kurz darauf festgestellt, dass der stolze Altar von Holzwürmern zerfressen war und dringend saniert werden musste. Anlässlich meines 75. Geburtstags griff ich tief in meine Tasche, um den Altar samt seinen beiden Flügelaltären auf meine Kosten renovieren zu lassen. Der Stolz meiner Heimatgemeinde bleibt nun in seinem vollen Glanz auch den nachfolgenden Generationen erhalten.

Zu meinem großen Erstaunen fand man im Zuge der Sanierungsvorbereitungen auch die Kanzeltreppe wieder und präsentierte sie mir unter einer Plane verhüllt an meinem Geburtstag. Der ehemalige Mesner hatte sie auf dem Dachboden seines Hauses aufbewahrt. Auch die Eckpfosten konnten wieder aufgetrieben werden: Ein anderer Bürger hatte sie nach Freiburg in Sicherheit gebracht. Lediglich das Treppengeländer war nicht mehr aufzufinden. Es war damals in der Pfarrscheune gelagert worden, beim Abriss der Scheune jedoch verloren gegangen. Der Vorsitzende des Kirchenchores allerdings recherchierte dem Kanzelbaumeister nach und wurde in Horb am Neckar fündig. Im Archiv einer dortigen Firma fanden sich sogar noch Planzeichnungen aus dem Jahr 1905, sodass das vergoldete Treppengeländer pünktlich zum 100. Geburtstag der Kirche originalgetreu nachgebildet werden konnte.

Bemerkenswert ist, dass im Zuge der Nachforschungen über Planzeichnungen aus der Zeit des Kirchenneubaus auch einige Rechnungen aus der damaligen Zeit auftauchten. Bei sorgfältigem Lesen dieser Dokumente fällt auf, dass sich die Pfarrgemeinde die Kanzeltreppe erst zwei Jahre nach der Fertigstellung der Kirche hatte leisten können. Vorher war offenbar nicht ausreichend Geld vorhanden gewesen. Ob die Kanzel selbst bei der Einweihung im Jahre 1905 schon vorhanden war, lässt sich heute leider nicht mehr herausfinden. Die Geldsorgen der Pfarrgemeinde aber ziehen sich als roter Faden durch die Unterlagen. So existiert ein Schreiben aus dem Jahr 1911, in dem die Kirchengemeinde dazu aufgefordert wird, endlich die längst fällige letzte Rate von 1.000 Mark für die Kanzel zu bezahlen.

Erst wenn man diese Hintergründe kennt, wird verständlich, welch immenser Wert in der Kirche steckt und welch große Anstrengung es für unsere Vorfahren gewesen sein muss, das Gotteshaus zu errichten. Umso mehr freut es mich, dass die Nordracher Bürger 100 Jahre nach der Einweihung der Pfarrkirche ein weiteres Mal durch gemeinsame Arbeit den Kraftakt vollbracht haben, das »kleine Münster des Kinzigtals« in voller Blüte erstrahlen zu lassen.

22

Eine meiner größten Fähigkeiten neben der Tüftelei war es sicherlich, Fragen zu stellen, meinen Gesprächspartnern aufmerksam zuzuhören und meine Schlüsse aus dem Gehörten zu ziehen. Diese Eigenschaften erwiesen sich als sehr hilfreich im Geschäftsleben, denn immer wieder traf ich zur richtigen Zeit die richtigen Leute am richtigen Ort. In den Siebzigern spielte sich in der Wirtschaft sehr viel über persönliche Kontakte ab, und man half sich gegenseitig. Oft war es ein Geben und Nehmen, und auch ich habe dabei natürlich nicht nur genommen, sondern manchem anderen Geschäftsmann auch aus der Patsche geholfen.

Zum Beispiel arbeitete ich oft mit einem Wiener Vertreter namens Habich zusammen, der hervorragend Polnisch sprach und mich auf zahlreichen Reisen nach Polen begleitete. Wir waren oft sehr erfolgreich, denn der Österreicher verstand sich mit den polnischen Geschäftspartnern ausgesprochen gut und wusste genau, wie man mit ihnen ins Geschäft kommen konnte. Eines der größten Projekte, bei dessen Realisierung er eine wichtige Rolle spielte, war der Verkauf von zahlreichen Maschinen zur Kreissägen-Herstellung nach Wabienica. Auf dem Weg zurück schmuggelte Habich allerdings stets recht mutig Bernstein über die Grenze. Das ging viele Male gut – aber im Herbst 1978 wurde er doch geschnappt und verhaftet. Mehr als drei Monate verbrachte er in einer Einzelzelle und konnte selbst über Weihnachten nicht zu seiner Familie nach Wien zurückkehren. Nachdem er mir so oft geholfen hatte, entschloss ich mich, ihm zu helfen, und kaufte ihn bei den polnischen Behörden für 50.000 Mark frei.

Habich durfte nach Wien zurückkehren, erhielt allerdings ein Einreiseverbot für Polen. Er begleitete mich später stattdessen auf Reisen nach Slowenien oder in die Tschechoslowakei, wo er aber die jeweilige Landessprache nicht beherrschte und deshalb im Vergleich zu Polen nur mäßig erfolgreich war. Reisen in den Ostblock waren für mich damals keine Seltenheit. Ich hatte schon früh damit begonnen, in den kommunistischen Ländern nach Abnehmern für meine Maschinen zu suchen. Der Eiserne Vorhang bedeutete für mich nur eine Hürde, kein unüberwindbares Hindernis.

Meist reiste ich mit dem Auto über Wien nach Brünn in die Tschechoslowakei, um mich mit den Vertretern der Kundenfirmen zu treffen. Zu einem Geschäftsabschluss musste ich aber stets nach Prag fliegen, denn Verträge wurden in der zentralistisch geführten Tschechoslowakei stets in der Hauptstadt unterzeichnet. Mitte der 1970er-Jahre war ich auf diese Art schon zu einem erfahrenen Prag-Reisenden geworden und wusste, dass es einige Tücken bei der Einreise zu beachten galt. So musste man vor dem Verlassen des Flughafengebäudes eine Summe Geld zwangsumtauschen. Ich hatte längst herausgefunden, dass man sich die stundenlange Warterei vor dem Wechselschalter sparen konnte, wenn man vom Flugzeug auf direktem Weg zur Wechselstube ging.

An einem Sonntag im Jahr 1975 flog ich mit der Lufthansa-Maschine von Frankfurt nach Prag und war als Passagier der ersten Klasse einer der Ersten, die das Flugzeug verlassen konnten. Auch den Zwangsgeldumtausch hatte ich schnell hinter mich gebracht und lief, die Kronen in meiner Brieftasche, mit schnellen Schritten zum Zoll. In der ersten Klasse war außer mir an dem Tag nur ein einziger weiterer Fluggast gewesen – und genau diesen Herrn sah ich nun ein ganzes Stück weiter vor mir in Richtung Zoll gehen. Mir war klar, dass er offenbar nichts von dem Geld-Zwangsumtausch wusste, denn sonst hätte er unmöglich schneller sein können als ich. Ich beeilte mich, ihn einzuholen, tippte ihm auf die Schulter und fragte: »*Haben Sie Geld gewechselt?*« Der Mann blickte mich erstaunt an und fragte: »*Warum, muss ich das denn tun?*« Ich riet ihm, schnell zurückzugehen und sich vor dem Schalter anzustellen, bevor all die anderen Passagiere sich vor ihm in die Schlange einreihen konnten: »*Machen Sie schnell*«, rief ich ihm nach, »*sonst stehen Sie heute Abend noch dort!*«

Ich verließ den Flughafen, traf mich mit meinen Geschäftspartnern und unterschrieb die vorbereiteten Verträge. Schon am nächsten Tag saß ich wieder im Flugzeug auf dem Weg zurück nach Frankfurt. Wie der Zufall es wollte, saß der Herr vom Vortag erneut neben mir, und diesmal war er es, der mich ansprach. Er bedankte sich vielmals für meinen Hinweis auf den Geldtausch, der ihm eine ganze Menge Zeit und Ärger erspart hatte. Wir stellten uns einander vor und lernten uns während des Fluges kennen. Zu meiner Überraschung hatte der Mann in den 1960er-Jahren als Vorstandsmitglied der Demag die Lieferung eines Warm- und Kaltwalzwerks zur Verarbeitung von Stahl zu Feinblech nach China mit eingefädelt, ein in Deutschland kontrovers diskutiertes Großprojekt mit einem Gesamtvolumen von 600 Millionen Mark. Meine Reisebekanntschaft erzählte mir von ihren Erfahrungen im »roten« China, und ich sagte ihr, dass auch ich mir vorstellen könnte, geschäftlich im Land der Mitte tätig zu werden. Der Mann klopfte mir auf die Schulter und sagte: »*Sie haben mir gestern einen guten Tipp gegeben, diesmal werde ich aber Ihnen helfen.*«

Tatsächlich blieben wir beide in Kontakt: Ich schickte meiner Flugzeugbekanntschaft einige Unterlagen über meine Firma und unsere Produkte zu, und kurze Zeit später traf in der Firma ein Fax der chinesischen Botschaft ein. Einer unserer Techniker wurde eingeladen, ein Visum für die Volksrepublik zu beantragen, um vor Ort technische Verhandlungen über die Lieferung einer Maschinenanlage größeren Ausmaßes zu führen. Nach der Rückkehr des Mitarbeiters vergingen erneut einige Monate, bis plötzlich ein Fax der chinesischen Staatsbank auf meinem Schreibtisch landete: Wir bekamen den Auftrag zum Aufbau eines gesamten Maschinenparks zur Gewindebohrer-Herstellung. Dieser Auftrag belief sich auf ein Volumen von rund fünf Millionen Mark und wurde eines der größten Projekte, die die Maschinenfabrik Junker in den 1970er-Jahren realisierte.

Seither hat sich unser China-Geschäft rasant entwickelt. Im Rückblick erscheint es fast unglaublich, dass eine kleine Firma aus dem ländlichen Nordrach Aufträge aus China entgegennahm, noch bevor sich das riesige Land mit seiner Milliardenbevölkerung 1978 unter Deng Xiao-ping zum Westen öffnete und die Marktwirtschaft einführte. Ich hatte diesen großen Fortschritt allein meinem und dem Fleiß meiner Mitarbeiter zu verdanken – und natürlich der Begegnung mit einem deutschen Unterhändler, dem in Prag eine Wartezeit vor der Geldwechselstube erspart geblieben war. Es lohnt sich immer, auf andere Menschen zuzugehen.

23

Das China-Geschäft war kein Einzelfall, denn Mitte der Siebziger begannen sich meine zahlreichen Auslandsreisen mehr und mehr auszuzahlen. Mittlerweile exportierten wir mehr als die Hälfte unserer Produkte ins Ausland, und als Folge davon wurden meine Reisen immer länger. In manchem Jahr war ich knapp 250 Tage lang unterwegs und lebte in den verschiedensten Hotels aus dem Koffer. Allein mit dem Auto legte ich rund 120.000 Kilometer jährlich zurück. Jede einzelne Reise habe ich akribisch vorbereitet. Da ich ja noch immer über keine Fremdsprachenkenntnisse verfügte, nahm ich stets schriftlich Kontakt zu deutschsprachigen Vertretern im Ausland auf, die mir als Assistenten im jeweiligen Land zur Verfügung stehen konnten.

Natürlich ergaben sich aber auch während der Reisen unverhoffte Kontakte zu vielen eindrucksvollen Menschen. Ich erinnere mich zum Beispiel daran, wie ich Anfang der 1970er-Jahre den späteren israelischen Ministerpräsidenten Ariel Scharon kennenlernen durfte. Scharon bekleidete damals einen Posten, der in etwa dem Amt eines deutschen Landrats entsprach. Als Sohn eines deutsch-polnischen Vaters sprach er hervorragend Deutsch und zeigte mir viele Seiten von Israel, die mir ohne ihn wahrscheinlich verborgen geblieben wären. Manches Mal traf ich im Ausland auch auf Landsleute, so zum Beispiel in Südkorea, wo ich in der Deutschen Handelskammer einem Freiburger begegnete, mit dem ich mich fernab der Heimat sogar auf Badisch unterhalten konnte.

Wenn ich abends meine Arbeit getan hatte und noch ein wenig Zeit übrig war, ließ ich es mir nicht nehmen, durch die Straßen der unterschiedlichsten Städte der Welt zu streifen und etwa die Schaufenster zu betrachten. Dabei gewann ich viele Eindrücke, die alle aufzuzählen hier den Rahmen sprengen würde. In Australien imponierte mir aber beispielsweise die damals neu eingeführte Anschnallpflicht im Auto, die ich als höchst fortschrittliche Neuerung empfand. Und in Brasilien wunderte ich mich über die vielen Scheine, die ich auf der Bank als Wechsel für meine 100-Dollar-Note bekam – es waren so viele, dass ich sie gar nicht alle in die Tasche stecken konnte. Auch ein anderes Erlebnis in Brasilien habe ich bis heute nicht vergessen: Einmal lagen meine Geschäftstermine so ungünstig, dass ich übers Wochenende in Rio de Janeiro bleiben musste. Ich wusste zunächst nicht, was ich mit zwei freien Tagen anfangen sollte, doch dann entdeckte ich im Hotel den Hinweis, dass Flüge zu den berühmten Iguazú-Wasserfällen an der Grenze zu Argentinien angeboten wurden. Mein Entschluss stand fest: »*Die schaue ich mir an!*« Zwar sagte mir die Fluggesellschaft, alle Hotels vor Ort seien ausgebucht, doch ich ging das Risiko ein und stieg dennoch in den Flieger. Vom Flugplatz nahm ich ein Taxi zu meinem Wunschhotel, und tatsächlich: Alle Zimmer waren belegt. Ich war enttäuscht und machte vielleicht einen Fehler. Denn hätte ich dem Mann an der Rezeption ein gescheites Trinkgeld gegeben, wäre vermutlich doch noch ein Zimmer frei geworden.

Ich fuhr nun weiter mit dem Taxi in Richtung Wasserfälle. Die letzten Meter wollte ich zu Fuß gehen und ich ließ meine Tasche samt Papieren und Geld beim Fahrer zurück. Ich war gerade ein Stück gegangen, da zog plötzlich und mit voller Wucht ein heftiges Gewitter auf. Ich fand gerade noch einen trockenen Unterschlupf in einer Hütte, dort hockte ich eine ganze Stunde lang, bis der Monsunregen endlich nachließ. Es war nun so viel Zeit vergangen, dass ich den Fahrer nicht länger warten lassen wollte und ich ging zurück zum Taxi, denn dort war ja meine Tasche. Wir fuhren zurück und ich fand nun doch eine Unterkunft. Die war natürlich mehr schlecht als recht, aber es war ja nur für eine Nacht und ich zog mich auch nicht aus, sondern schlief in Unterwäsche.

Am nächsten Tag, dem Sonntag, fuhr ich mit einem Taxi zurück zum Flugplatz. Dort blieben mir noch drei Stunden, bis mein Flugzeug nach Rio startete. Ich überlegte: »*Was machst du jetzt?*« Durch Zufall erblickte ich ein Plakat, auf dem für Flüge mit dem Hubschrauber geworben wurde – natürlich zu den Wasserfällen. Das war meine Chance! Mit meinen schlechten Sprachkenntnissen versuchte ich nun, einen Flug zu buchen, eine Stunde lang musste ich reden und verhandeln, bis ich die Mitarbeiter überzeugt hatte, mit mir allein zu fliegen. Eigentlich wurden die Flüge für drei oder vier Personen angeboten, ich musste also einen höheren Preis zahlen und das machte ich auch.

Und dann hoben wir endlich ab und flogen zu den Iguazú-Wasserfällen. Ich sah sie in einer Perfektion, besser kann man es sich nicht vorstellen. Der Hubschrauber flog über die Wasserfälle und auch so weit hinunter, dass ich von allen Seiten die eindrucksvollen Wassermassen sah. Es war wunderschön! So hatte ich an meinem freien Wochenende nun doch etwas erlebt, und konnte getaner Dinge wieder nach Rio zurückfliegen.

Einen weiteren tiefen Eindruck hat vor allem eine Reise nach Südafrika hinterlassen. Ich hatte einen Flug von Zürich nach Johannesburg mit der Swissair gebucht und musste in Kinshasa zwischenlanden. Wegen eines Defekts an einem Anzeigeinstrument konnte die Maschine aber nach dem Auftanken nicht wieder starten. Es hieß, wir müssten so lange warten, bis am nächsten Tag eine andere Maschine aus Europa das fehlende Ersatzteil mitbringen könne. Wir mussten also im Kongo übernachten.

Ich hatte das Glück, im Flugzeug neben einem Vorstandsmitglied der Swissair zu sitzen, das sich über seine Firma ein Auto an den Flughafen bestellte und mich einlud, es in ein Hotel in der Innenstadt von Kinshasa zu begleiten. Ich bekam ein Zimmer im Interconti und verbrachte eine geruhsame Nacht. Als ich aber am nächsten Morgen zum Flughafen zurückkehrte, traf mich fast der Schlag. Die mitreisenden Südafrikaner – fast 200 Personen jeden Alters – hatten das Flugzeug nicht verlassen dürfen, weil sie wegen der Apartheid nicht in den Kongo einreisen konnten. Zwölf Stunden lang hatten sie mit einer einzigen Toilette auskommen müssen, eine Zumutung! Die Menschen taten mir sehr leid.

Die Südafrika-Reise brachte mir in den folgenden Tagen mehrere Aufträge für meine Firma ein. Ich kann noch heute genau nachvollziehen, welche meiner Reisen besonders erfolgreich waren, denn ich führte damals Buch und notierte sorgfältig alle meine Eindrücke und die Adressen meiner neu gewonnenen Kontakte. Die großen Erfolge im Ausland standen jedoch leider in keinem Verhältnis zu den Entwicklungen zu Hause in Nordrach, wo mehr und mehr Probleme auftauchten.

Meine Frau und ich schliefen zwischenzeitlich längst in verschiedenen Betten, weil ich nachts oft rastlos aufstand und Konstruktionen aufzeichnete, die mir im Traum eingefallen waren. Else und ich hatten uns mehr und mehr entzweit, was ich mit wachsender Sorge betrachtete. Ich machte mir auch Gedanken darüber, wie ich der Entwicklung entgegenwirken konnte. Weil meine Frau aus Waldulm stammte, bestand ein enger familiärer Kontakt ins Achertal, und ich nahm an, dass ein Umzug dorthin die Stimmung zu Hause würde verbessern können. Ich kaufte deshalb ein Grundstück in Bühl und begann mit der Planung für ein neues Heim, in dem meine Familie glücklich werden sollte. Doch meine Hoffnungen wurden enttäuscht.

24

Die 60er-Jahre brachten neue Bedrohungen und erneut tiefgreifende gesellschaftliche Veränderungen. Der deutsche Staat wurde von Terroristen herausgefordert, Tausende demonstrierten gegen den Vietnam-Krieg, der Rock 'n' Roll revolutionierte die Musik. Die Haare wurden länger, die Denkweisen liberaler, die Moralvorstellungen veränderten sich radikal und plötzlich wurde auch Rauschgift salonfähig. Mir selbst wurden etliche Male die verschiedensten Drogen angeboten, aber ich wehrte stets ab. Ich wollte meinem Körper keinen Schaden zufügen – für mich galt immer die Regel, das jeweils Beste zu essen und zu trinken, dabei aber stets Maß zu bewahren.

Meine Kinder verfügten leider nicht über so viel Lebenserfahrung wie ich und waren den Versuchungen daher viel direkter ausgesetzt als ihr Vater. Die deutschen Schulhöfe waren Mitte der 1970er-Jahre zu Umschlagplätzen für Drogen verkommen, und niemand unternahm etwas dagegen; nicht die Lehrer, und auch nicht die Polizei. Im Unterricht fand keinerlei Aufklärung über die Gefahren von Drogen statt. Es mag sein, dass der Haschischkonsum für manchen Schüler kaum eine echte Gefahr bedeutete, denn auf jeden Menschen wirken Drogen unterschiedlich. Bei meinen Kindern jedoch hatte das Rauschgift gravierende Auswirkungen auf die Psyche.

Mein Sohn Manfred hatte schon immer zu Nervosität geneigt, deshalb machte ich mir zunächst keine Sorgen, als diese Anzeichen immer deutlicher zum Vorschein kamen. Ich war ja auch kaum bei meiner Familie, denn zusätzlich zu meinen vielen Reisen und der Arbeit im Nordracher Hauptwerk kamen durch meine Wahl sowohl zum Aufsichtsratsvorsitzenden der Volksbank Zell als auch zum Beirat im Wirtschaftsverband WVIB sowie durch die Einrichtung zweier zusätzlicher Betriebe im Achertal weitere Belastungen hinzu.

Ich freute mich während der Arbeit stets darauf, nach Feierabend endlich wieder zu meiner Familie heimkehren zu können, und wenn ich dann über die Schwelle der Nordracher Villa trat, war ich erfüllt von Freude und tat mich daher schwer damit, die Stimmungsschwankungen meiner Kinder zu hinterfragen. Manfred brachte auch nach wie vor hervorragende Zensuren nach Hause, war ein echter Musterschüler und schien mir der ideale Nachfolger in der Firma zu sein. Ich war stolz auf meine beiden Kinder. Ich war einfach nur glücklich darüber, mit ihnen gemeinsam beim Abendessen sitzen zu können, und ich nahm lange Zeit an, dass alles in bester Ordnung sei. Aber meine Frau Else, die täglich viele Stunden mit den beiden verbrachte, hätte schon die ersten Anzeichen bemerken müssen.

So hatte Manfred meiner Frau Geld aus der Handtasche gestohlen und war dabei von ihr erwischt worden; Else hatte diesem Ereignis aber kaum Beachtung geschenkt. Obwohl die finanzielle Situation meiner Familie mittlerweile sehr gut war, zahlte ich meinen Kindern doch nur ein monatliches Taschengeld in einer Höhe, wie es auch die anderen Kinder in der Umgebung bekamen. Ich wollte nicht, dass meine Kinder verzogen werden – sie sollten lernen, eigenständig zu werden, und später selbst für ihren Lebensunterhalt sorgen können, anstatt sich auf lange Sicht nur auf ihren Vater zu verlassen.

Es war schließlich ein Lehrer des Gengenbacher Gymnasiums, der meine Frau eines Nachmittags anrief. Er hatte starke Veränderungen in Manfreds Wesen festgestellt und wollte wissen, ob wir als Eltern diese Veränderung ebenfalls zur Kenntnis genommen hatten. Ich muss zugeben, dass ich dieser Bemerkung des Lehrers zunächst nicht viel Bedeutung zumaß. Manfred stand mittlerweile kurz vor dem Abitur und bekam noch immer mit spielerischer Leichtigkeit gute Zensuren. Zugegebenermaßen war er etwas auffälliger in seinem Verhalten geworden. Aber er war damals gerade 17 Jahre alt – und waren Auffälligkeiten in der Pubertät nicht normal?

Ich wusste nicht, dass meine Kinder zu diesem Zeitpunkt schon über einige Drogenerfahrungen verfügten. Inge war als Ältere zuerst mit Rauschgift in Berührung gekommen, und kurz darauf erlag auch Manfred der Versuchung. Beide Kinder veränderten sich zu ihrem Nachteil, und vor allem mit Manfred ging es rapide bergab. Kaum ein halbes Jahr nach der ersten Bemerkung des Gymnasiallehrers war er kaum mehr in der Lage, seine Gedanken zu beherrschen. Ununterbrochen schien er von Euphorie betört, redete wirres Zeug und konnte sich plötzlich auch nichts mehr merken. Seine schulischen Leistungen brachen ein, über Wochen hinweg konnte er nicht einmal mehr den Unterricht besuchen.

Manfred drehte fast völlig durch, und wenige Tage vor seinem 18. Geburtstag war ich gezwungen, ihn in die psychiatrische Klinik in Heidelberg einzuliefern. Es war einer der schwersten Tage meines Lebens, und mir wird noch heute bang ums Herz, wenn ich daran denke, wie ich Manfred in meinem Auto nach Heidelberg fuhr. Während ich den Wagen steuerte, erinnerte ich mich an die vielen glücklichen Stunden, die ich zusammen mit meinem Sohn verbracht hatte. Ich war aber gleichzeitig auch voller Hoffnung, dass die Therapie ihn heilen und wieder zurück auf den richtigen Weg bringen würde. Manfred blieb zunächst für zwei Wochen in der Klinik, wurde in der Folgezeit aber mehrfach rückfällig und hielt sich später auch über längere Zeiträume in verschiedenen psychiatrischen Kliniken auf. Auch Inge zeigte bald ähnliche

Probleme und verbrachte Ende der 1970er-Jahre ein gesamtes Jahr in der Buchinger Klinik für gesamtheitliche Medizin. Die Probleme innerhalb meiner Familie traten so immer offensichtlicher zu Tage. Mehr und mehr wurde mir die gesamte Tragweite des Problems bewusst. Die heile Familienwelt war zerbrochen.

Vier Wochen vor seinem 80. Geburtstag verstarb 1979 außerdem mein Vater, was meine Sorgen natürlich nicht verringerte. Ich hatte mich mit meinem Vater manches Mal gestritten, und wir hatten über lange Jahre ein angespanntes Verhältnis zueinander gehabt. Er hat nie verstehen können, warum ich schon als Kind lieber Turbinen baute, anstatt mich für die Holzwirtschaft zu interessieren. Aber wenn man seine Biografie kennt, dann ist seine Enttäuschung darüber, seinen ältesten Sohn nicht als Nachfolger für sein Lebenswerk zu haben, sehr verständlich.

Mein Vater hatte schon als 17-Jähriger in den Vogesen im Krieg gegen Frankreich gestanden. Er war dazu ausgebildet worden, als junger Mann auf andere junge Männer zu schießen, und diese schreckliche Erfahrung hat er wohl nie ganz überwinden können. Aus dem großen Krieg zurückgekehrt, hatte er hart arbeiten müssen, um das Geschäft im Sägewerk wieder in Gang zu bringen und seine Eltern, seine drei Schwestern und sich selbst zu versorgen. Das mühsam erworbene Geld aber war 1923 mit der Inflation wertlos geworden, und mein Vater hatte ein zweites Mal neu beginnen müssen. In den 1930er-Jahren hatte er geheiratet und das Sägewerk von meinem Großvater übernommen – und die Verantwortung damit allein auf seinen Schultern getragen.

Gleich zu Beginn des Zweiten Weltkriegs war er erneut eingezogen worden und kämpfte an der Westfront bei Nonnenweier. Zu Hause geriet das Sägewerk ohne ihn in schwere Not: Weil kaum noch jemand da war, der die Arbeit erledigen konnte, konnte nur noch ein Zehntel der Arbeit verrichtet werden. Nachdem er aus Altersgründen aus der Wehrmacht entlassen worden war, kehrte mein Vater heim und begann ein drittes Mal, das Geschäft neu aufzubauen und es 1948 erneut durch die Geldentwertung zu manövrieren. Er hat in diesen schweren Zeiten wahrlich Großes geleistet.

Wie stark die Erfahrungen ihn geprägt hatten, erfuhr ich erst, als ich meine Eltern einmal zum Wandern in die Vogesen mitnahm. Kaum hatten wir den Rhein überquert, sprach mein Vater kein Wort mehr. Der Ausflug nach Frankreich weckte in ihm all jene Erinnerungen an den schrecklichen Krieg. Für ihn waren die Franzosen böse Menschen – und das, obwohl er doch wusste, dass die Deutschen den Krieg begonnen hatten! Diese Dinge haben ihn bis zu seinem Tod beschäftigt. Und nicht nur ihn, sondern auch mich, der ich ja sah, wie er mit der Vergangenheit haderte.

25

Die Situation, in der sich unsere Kinder befanden, setzten mir und meiner Frau natürlich gewaltig zu. Inge fing sich immerhin nach einiger Zeit wieder und bezog eine kleine Wohnung auf einem Pferdehof, den ich gekauft hatte, um die Pferde meiner Führungskräfte alle unter einem Dach unterzubringen. Inge wollte dort »antiautoritär leben« und zog sich weitgehend von der Familie zurück. Meine Frau und ich blieben allein in der Villa zurück, wo wir uns mehr schlecht als recht verstanden.

Mir kamen damals auch Gedanken, mich scheiden zu lassen, denn die Situation war fast unerträglich geworden. Ich wollte allerdings weder meiner Frau noch meinen Eltern eine Scheidung zumuten, denn diese wäre in einem kleinen Schwarzwalddorf damals gesellschaftlich nicht so akzeptiert worden, wie es heute üblich ist. Meine Frau drohte mehrfach mit Selbstmord, was ich aber schon kaum mehr ernst nahm. Denn sie hatte eine solche Tat in den Jahren etliche Mal angekündigt, hatte zum Beispiel auf schlechte Noten der Kinder in der Schule mit Ausrufen reagiert wie: »*Wenn das so weitergeht, bringe ich mich irgendwann noch um!*« Else litt an immer stärkeren Depressionen.

Eines Nachts im Frühjahr 1982 wachte ich morgens um vier Uhr auf und stellte fest, dass meine Frau nicht in ihrem Bett lag. Ich nahm zunächst an, sie sei nur zur Toilette gegangen – aber als sie nach einer Weile nicht zurückgekehrt war, begann ich nach ihr zu suchen. Ich fand sie im Gästezimmer, wo sie leblos auf dem Bett lag. Sie hatte eine Überdosis Schlaftabletten zu sich genommen; das leere Pillenröhrchen lag noch auf dem Nachttisch. Ich brachte sie sofort ins Krankenhaus nach Gengenbach, wo ihr der Magen ausgepumpt wurde. Die Ärzte rieten ihr am nächsten Morgen dringend, für einige Zeit in der Klinik zu bleiben. Sie wehrte sich aber energisch dagegen und ließ sich nicht belehren, weder von den Ärzten noch von mir. Ich machte mich auf die Suche nach einer geeigneten Privatklinik und wurde in Bayern fündig, hatte sogar schon mit dem Personal dort telefoniert – aber meine Frau wollte partout nicht ins Krankenhaus.

Erst nach dem Selbstmordversuch hörte ich aus dem Umfeld meiner Frau, dass mehrere ihrer Angehörigen durch Freitod aus dem Leben geschieden waren, darunter ihre Großmutter und ein Cousin. Der Hang zur Depression schien in der Familie zu liegen; aber selbst mit diesem Wissen im Hinterkopf war ich nicht in der Lage, ihr wieder mehr Lebensmut und Zuversicht zu geben. Sie ließ niemanden mehr an sich heran, und was auch immer ich ihr sagte, es blieb bei ihr ohne Wirkung. Ich verbrachte viele Stunden damit, mir Gedanken über neue Wege zu machen, wie ich ihr helfen konnte, doch all das Grübeln blieb stets ergebnislos. Meine Ehe war nun wahrlich zu einem Scheiterhaufen geworden, denn ich konnte den Schock über den versuchten Selbstmord kaum verkraften und verstand außerdem nicht, warum Else sich nicht behandeln lassen wollte. Es erschien mir unnatürlich, dass ein Mensch sich so sehr gegen diejenigen wandte, die ihm helfen wollten.

Anfang August 1982 war die Situation so ausweglos geworden, dass ich mich entschied, endlich den Schritt zu wagen und die Scheidung einzureichen. Meine Devise ist es immer gewesen, nach vorne zu schauen und einen Neuanfang zu wagen, auch wenn diese Entscheidung noch so schwerfallen mag. Ich packte meine Sachen in der Villa zusammen und zog in das große Haus nach Bühl, das ich dort schon vor Jahren hatte bauen lassen. Noch immer war es mir aber ein wichtiges Anliegen, meiner Frau zu helfen. Ich kaufte ihr ein neues Auto, wollte ihr die Villa überschreiben und sagte ihr eine großzügige monatliche Zahlung zu, um ihr ein sorgloses Leben zu ermöglichen. Außerdem wollte ich sie trotz meines Auszugs nicht alleine lassen, sondern traf mich jeden Tag zum Mittagessen mit ihr in der Villa und führte lange Gespräche mit ihr.

Auch am 30. August 1982 fuhr ich nach Nordrach, um mich mit ihr zu treffen. Aber als ich bei der Villa eintraf, erschrak ich sofort: Obwohl es schon zwölf Uhr mittags war, waren alle Rollläden des Hauses noch heruntergelassen. Ich eilte sofort ins Haus und rief nach meiner Frau, bekam aber keine Antwort. Ich durchstöberte das ganze Haus, bis ich auf dem Dachboden ihren leblosen Körper an einem Strick hängend vorfand. Else ließ nicht einmal einen Abschiedsbrief zurück. Was dieser Schicksalsschlag für mich bedeutete, kann sich jeder denken.

26

Für die Nordracher Dorfbevölkerung, die natürlich nicht alle Vorgänge im Einzelnen kannte, war ich der Schuldige am Selbstmord meiner Frau. Ich war nicht in der Lage, weiterhin in der Villa neben meiner Firma zu leben, denn ich empfand auch eine Abscheu davor, in dem Haus zu wohnen, wo meine Frau sich erhängt hatte. Schwer getroffen von dem Schicksalsschlag, zog ich endgültig nach Bühl um, wo mich nun andere Probleme einholten. Die Auftragslage meiner Firma war Anfang der 1980er-Jahre nicht eben rosig, und wir waren zudem stark exportabhängig geworden, weil wir den Markt in Deutschland weitgehend ausgeschöpft hatten. Ich musste also fleißig arbeiten, um neue Aufträge für die Maschinenfabrik zu bekommen und die Firma vor dem Absturz zu bewahren.

Ich wollte aber in Bühl auch ein neues Zuhause für meine Kinder aufbauen, denn es war klar, dass mein Sohn irgendwann aus der Psychiatrie entlassen werden würde, und ich wollte ihm ein beschütztes Heim bieten. Nun erreichte mich ein unverhoffter Anruf: Jutta, die 17-jährige Schönheit, die ich 1969 im Zug von Frankfurt nach Offenburg kennengelernt und die mir ein Halsbonbon geschenkt hatte, rief mich an. Die mittlerweile 29-Jährige erzählte mir, sie sei frisch geschieden und habe beim Durchsehen alter Unterlagen zufällig meine Visitenkarte gefunden. Ich hätte es in diesem Moment wohl besser bei dem Telefonat belassen und mich nicht weiter um Jutta kümmern sollen. Aber in den folgenden Tagen beherrschte sie meine Gedanken. Immerhin war ich als 52-Jähriger plötzlich allein, und ihr Anruf war so unerwartet gekommen, dass ich ihn nur für einen Wink des Schicksals halten konnte.

Ich lud die 22 Jahre jüngere Jutta daher ein, mich in Bühl zu besuchen. Kurze Zeit später traf sie tatsächlich ein: noch immer eine Frau von betörender Schönheit mit langen blonden Haaren. Wir verstanden uns sehr gut, was wohl auch an den Verführungskünsten dieser jungen Frau mit den Modelmaßen lag. Ich präsentierte der 29-Jährigen, die in einfachen Verhältnissen in der Nähe von Frankfurt aufgewachsen war, eine für sie völlig neuartige Umgebung. Ich stellte ihr ein großes Auto zur Verfügung und ließ sie und ihre fünfjährige Tochter – ein verzogenes Kind! – in meinem Bühler Haus wohnen. Jutta nahm all diese Annehmlichkeiten mit Begeisterung auf, hielt mir aber immer wieder vor, wie mittellos sie sein würde, falls mir etwas passieren sollte. Naiv wie ich war, entschloss ich mich nur ein Jahr nach dem Tod meiner Frau zur Hochzeit mit Jutta. Ich glaubte, dass mein Privatleben nun wieder geregelteren Bahnen folgen würde und Jutta sich sicherer fühlen werde.

Meine Tochter allerdings kam bei ihren gelegentlichen Besuchen in Bühl nie mit meiner neuen Frau aus, und ich musste oft als Schlichter auftreten in irgendwelchen Streitereien um Nichtigkeiten. Mein Sohn Manfred dagegen verstand sich mit Jutta sehr gut, nachdem er aus der Psychiatrie zurückgekehrt war. Er war psychisch noch immer in einem labilen Zustand, was wahrscheinlich auch verständlich war angesichts der Belastungen und Erfahrungen, denen er zuvor ausgesetzt gewesen war. Er hatte den Tod seiner Mutter noch nicht verkraftet. Manchmal schloss er sich über viele Stunden in seinem Zimmer ein und lag nur im Bett, ohne Lebensmut oder Energie zu entwickeln. Ich hatte noch immer die Absicht, ihn zu meinem Nachfolger zu machen, musste aber einsehen, dass sich dieses Vorhaben nicht würde umsetzen lassen. Jutta aber fand mehr als ich Zugang zu meinem Sohn und kümmerte sich nach Kräften um Manfred, was ich ihr bis heute sehr hoch anrechne.

Sie war es auch, die Manfred das Leben rettete, nachdem er 1983 in Bühl einen Selbstmordversuch unternommen hatte. Er hatte die ihm verschriebenen Tabletten über mehrere Tage nicht genommen, um dann eine Überdosis davon zu schlucken. Ich befand mich zu dem Zeitpunkt auf einer Geschäftsreise und konnte nur am Telefon erfahren, wie Jutta durch ihre Geistesgegenwart das Schlimmste verhindert und einen Arzt alarmiert hatte, der Manfred sofort in die Psychiatrie nach Emmendingen einwies. Diesmal hatte die Therapie nachhaltigen Erfolg, und Manfreds Psyche veränderte sich noch ein weiteres Mal grundsätzlich – diesmal aber zum Positiven.

Bereits nach einigen Monaten waren seine Ansichten und Denkweisen wieder gefestigt, und er begann aus eigener Kraft, sein Leben zu verändern. Ich beschloss, ihm eine Stelle in der amerikanischen Niederlassung meiner Firma anzuvertrauen. Dieser Schritt hat sich zunächst als richtig erwiesen, denn Manfred begann in Amerika ein neues Leben. Meinem dortigen Mitarbeiter Edgar Obert, dessen Arbeit ich sehr schätze, ist es gelungen, meinen Sohn zu stützen und ihm bei der weiteren Entwicklung zur Seite zu stehen. Manfred wurde schließlich sogar Geschäftsführer der amerikanischen Niederlassung. Als ich zur Einweihung einer neuen Produktionshalle selbst nach Amerika flog, durfte ich erleben, wie er vor der Versammlung eine Ansprache auf Englisch hielt. Ich war voller Stolz auf meinen Sohn, der sich endlich wieder gefangen hatte und nun doch wieder als mein Nachfolger in Frage kam.

Doch wie so oft in meinem Leben war das Glück mir nicht lange hold. Manfred kam mit dem Druck nicht klar, wurde wieder von seinen Depressionen eingeholt und verschwendete Geld an Spielautomaten. Bis das jemandem auffiel, hatte er schon große Dollarsummen von Firmenkonten verspielt. Ich musste ihn sofort als Geschäftsführer absetzen und kurz darauf sogar entlassen. In den Folgejahren hat er noch einige Übersetzungen ins Englische für meine Firma übernommen, aber das so verdiente Geld reichte zum Leben nicht aus, weshalb ich ihn wohl oder übel finanziell unterstützen musste. Er heiratete schließlich seine Freundin, und ich schloss mit ihm einen notariellen Vertrag, in dem er auf seinen Pflichterbteil verzichtete. Im Gegenzug verpflichtete ich mich zu einer monatlichen Zuwendung, um ihn bis an sein Lebensende abzusichern.

Auch meine Tochter, die sich nach dem Tod ihrer Mutter zwischenzeitlich erholt hatte, litt später wieder an Depressionen. Inge lebt seit mehreren Jahren in einem betreuten Wohnheim in der Nähe von Freiburg. Wie Manfred verzichtet auch Inge auf ihren Pflichterbteil, sie erhält stattdessen bis an ihr Lebensende 10.000 Euro monatlich. Dies wurde gerichtlich bereits geregelt.

Für mich als Vater ist es sehr bitter, erleben zu müssen, wie meine Firma in aller Welt geschätzt wird, meine eigenen Kinder aber nicht dazu in der Lage sind, das Erbe dieses Vorzeigeunternehmens anzutreten. Vielleicht ist es ein Glücksfall, dass mein Stiefsohn – der Sohn meiner heutigen Ehefrau aus erster Ehe – Ökonomie studiert hat und heute unser Chinageschäft in Shanghai leitet. Er macht seine Sache mit 63 Mitarbeitern in den Bereichen Service und Verkauf seit Jahren hervorragend.

27

Im Laufe meines Berufslebens habe ich circa 200 Erfindungen zum Patent angemeldet, und mehr als 80 davon wurden vom Patentamt auch bewilligt. Es wird ja immer schwieriger, ein Patent auch wirklich zu bekommen, denn oft sind vermeintlich neue Ideen schon von anderen klugen Köpfen in anderen Zeiten erdacht worden. Sehr häufig hielt man mir Patente vor, die weit über 100 Jahre alt, aber nie benutzt worden waren. Es hat schon immer Menschen gegeben, die ihrer Zeit voraus waren und deren Ideen schlicht genial, aber zu ihren Lebzeiten nicht umsetzbar waren.

Fast alle meine Erfindungen habe ich beim Wandern gemacht. Schon früh wurde mir klar, dass mein Kopf frei wird, wenn ich meinen Körper beschäftige. Deshalb wanderte ich oft und hatte all meine besten Ideen auf dem Weg zwischen Nordrach und der nahe gelegenen Stadt Gengenbach. Dabei ist ein gewaltiger Höhenunterschied zu überwinden, und die Wanderung dauert rund zwei Stunden. Ich wollte mit meinen Gedanken immer allein sein und bat deshalb meine Frau, mich allein gehen zu lassen, um mir die Freiheit zu geben, meinen Gedanken freien Lauf zu lassen. Ich könnte heute noch genau den Ort zeigen, an dem mir 1984 die Idee kam, die später zur wohl größten Erfindung meines Lebens werden sollte.

Ich hatte mir schon lange Zeit Gedanken darüber gemacht, wie man eine kontrollierte Punktberührung im Zerspanungsbereich bei Schleifmaschinen realisieren könnte. Nachdem ich der Lösung dieses Problems beim Wandern sehr nahegekommen war, kehrte ich in mein Büro zurück und hielt zwei Kugelschreiber in immer neuen Winkeln gegeneinander. Mit Hilfe dieser zwei Kugelschreiber fand ich schließlich die ideale geometrische Anordnung des Schleifkörpers zur Werkzeugachse. Damit war die Grundlage gelegt für »Quickpoint«, eine Technologie, mit der meine Firma bei der Hannover-Messe für Aufsehen in der internationalen Fachwelt sorgte.

Quickpoint ist vielseitig einsetzbar und bringt gegenüber konventionellen Schleifverfahren, insbesondere bei der Hartmetallbearbeitung, eine Leistungssteigerung von bis zu 600 Prozent. Es ist allerdings nicht einfach, ein Produkt zu verkaufen, von dem behauptet wird, es biete eine solch enorme Leistungsfähigkeit und spare darüber hinaus noch einen Großteil der bisher entstandenen Kosten für Schleifmittel ein. Unsere potentiellen Kunden reagierten auf solche Ankündigungen zunächst mit großer Skepsis, denn sie hätten eine derartige technologische Revolution eher von einem alteingesessenen Unternehmen erwartet als von meiner nach wie vor recht jungen Maschinenfabrik. Der Erfolg für Quickpoint stellte sich daher nur langsam ein, entwickelte sich aber stetig und vergrößerte unseren Kundenkreis um einige sehr bekannte und renommierte Firmen.

28

Doch so zuverlässig Quickpoint arbeitete, so unzuverlässig war meine zweite Ehefrau. Ich fühlte mich häufig von ihr betrogen und spürte bald, dass sie mich hinterging. Immer öfter war sie unterwegs und hielt sich häufig in der Schweiz und in

Frankreich auf, angeblich weil sie Mode-Aufnahmen für Modehäuser wie Christian Dior machte. Ich bestand zwar darauf, dass sie nachts immer nach Bühl zurückkehrte, bekam sie aber tagsüber kaum noch zu Gesicht. Eines Tages schwärmte sie mir von ihren Erfolgen vor und sagte, sie habe mit ihrer Arbeit als Fotomodel schon mehr als 400.000 Mark verdient. »*Ich möchte dir eine Freude machen, Erwin*«, sagte sie dann – und ich beschloss, ihr eine Falle zu stellen, um zu schauen, ob ich mit meinen Vermutungen Recht hatte, ihre vermeintlichen Arbeiten seien alle nur vorgetäuscht. »*Wenn du mir wirklich eine Freude machen willst, dann kannst du mir ja von dem Geld einen Rolls Royce zum Geburtstag schenken!*«, sagte ich deshalb und wartete gespannt, wie sie reagieren würde.

Es vergingen einige Wochen, bis mein Geburtstag kurz bevor stand. Tatsächlich rief mich Jutta eines Tages unterwegs an und fragte, welches Modell, welche Farbe und welche Ausstattung ich für meinen neuen Wagen haben wolle. Kurz vor meinem Geburtstag erklärte sie dann aber plötzlich, sie habe den Rolls Royce »wieder abbestellt«, weil ich ihr viel Ärger bereitet habe und weil sie das Geld für eine Krankenversicherung gebraucht hätte. Es war offensichtlich, dass diese Gründe nur vorgeschoben waren, um zu erklären, warum sie über das angeblich verdiente Geld gar nicht verfügte. Einen Mann mit meiner Lebenserfahrung kann man nur eine kurze Zeit lang betrügen.

Meine schlimmsten Befürchtungen wurden wahr: Ich musste feststellen, dass Jutta seit geraumer Zeit ein Verhältnis mit einem Schweizer Arzt hatte. Ich zögerte nicht eine Sekunde, sondern jagte meine untreue Ehefrau mitsamt ihrer Tochter aus meinem Haus. Ihre Kleider packte ich in Müllsäcke und ließ die Säcke zu dem Haus der Freundin bringen, bei der meine Frau Unterschlupf gefunden hatte. Zwischen Juttas Wäsche im Schrank fand ich eine beträchtliche Anzahl an ungeöffneten Briefen, allesamt verschickt von der Volksbank Bühl. Meine Frau hatte bei der Bank einen Schuldenberg von 60.000 Mark angehäuft und nicht einmal den Charakter besessen, die Briefe mit den Zahlungserinnerungen und Mahnungen auch nur zu öffnen. Um mein Gesicht der Bühler Volksbank gegenüber zu wahren, übernahm ich die Schulden aus eigener Tasche.

Jutta versuchte außerdem, beim Finanzamt eine Lohnsteuer-Rückvergütung zu erhalten. Da wir jedoch steuerlich nicht gemeinsam veranlagt waren, hatte sie keinen Anspruch auf eine solche Zahlung. Ich weigerte mich, die seit dem 16. Januar 1986 rechtskräftig von mir geschiedene Frau auf der Steuererklärung mit unterschreiben zu lassen. Mein Steuerberater einigte sich daraufhin mit dem Finanzamt insofern, dass ich mich als Lediger besteuern lassen konnte. Ich musste deshalb für eine Mehrsteuer in Höhe von mehreren zehntausend Mark aufkommen, was ich aber gern in Kauf nahm. Als Jutta telefonisch davon benachrichtigt wurde, dass sie keine Lohnsteuer-Rückvergütung erhalten würde, soll sie in den Hörer geschrien haben: »*Das ganze Finanzamt ist von Junker bestochen.*« Was für eine ungeheuerliche Anschuldigung!

29

Ich hatte damals nicht nur mit meiner Frau zu kämpfen, sondern auch mit den Behörden. Auf meinem großen Grundstück in Bühl hatte der nahe gelegene Wald die Wiesen erobert. Auf einem Gelände, das einige Jahre zuvor nachweislich als Feld genutzt worden war und das ich als Park anzulegen plante, waren hohe Bäume gewachsen. Vor einer dreiwöchigen Reise nach Japan und Indonesien beauftragte ich daher eine Gruppe von Holzhauern mit der Aufgabe, diese Bäume zu fällen und die Wurzeln herauszunehmen. Dieser Auftrag wurde auch gewissenhaft ausgeführt; aber als ich von meiner Reise zurückkehrte, waren die Zeitungen voll von reißerischen Berichten über den »Waldschänder Junker«.

Es kam zu einem Gerichtsverfahren, unter anderem auch deshalb, weil ich unangemeldet einen Zaun um mein Grundstück gezogen hatte, was einen Nachbarn verärgerte. Darüber hinaus hatte ich auch einen Brunnen bohren lassen, was ebenfalls ohne öffentliche Genehmigung erfolgt war. Der Brunnenbauer sollte in zwölf Metern Tiefe auf Grundwasser stoßen, musste aber nach elf Metern aufgrund einer behördlichen Entscheidung die Bohrung einstellen. Wohlgemerkt betrafen alle diese Maßnahmen nur mein eigenes Grundstück – es erscheint mir verrückt, dass man für solche privaten Vorhaben in Deutschland überhaupt eine Genehmigung braucht. Ich wurde schließlich in dem Prozess zu einer Strafzahlung in Höhe von 3.500 Mark verurteilt und bezahlte diese Strafe auch anstandslos.

Meinen Park konnte ich nun anlegen lassen; bloß störten mich jetzt noch weitere rund 30 Bäume auf dem Grundstück talabwärts, die mir die Sicht versperrten. Zu gerne hätte ich auch diese Bäume fällen lassen, doch ich war dort leider nicht der Grundstückseigner. Bald darauf ergab sich eine Möglichkeit, das verfallene Wohnhaus unterhalb meines Grundstücks zu kaufen – und ich packte die Gelegenheit beim Schopf. Aufgrund meiner vorherigen Erfahrungen bat ich diesmal um ein Gespräch mit dem Förster und tastete vorsichtig ab, ob man mir erlauben würde, die Bäume zu entfernen. Die Antwort des Försters war, dass ich die Bäume durchaus fällen lassen dürfe, aber jedes Jahr nur eine Handvoll. Diese Antwort ergab für mich wiederum keinen Sinn, und ich heuerte erneut Holzfäller an, um mit dem Fällen der Bäume vollendete Tatsachen zu schaffen.

Nun kam sogar die Polizei auf mein Grundstück, die Zeitungen überboten sich mit Berichten über den »Kleinholzfetischisten Junker«, und die Stadt Bühl schickte mir einen Strafzettel über 70.000 Mark. Ich legte Einspruch gegen den Strafzettel ein und musste erneut vor Gericht erscheinen, wo unter anderem Vertreter des Rastatter Umweltschutzamtes auftraten und sich wichtigmachten. Schlussendlich musste ich eine Strafe von 35.000 Mark und Gerichtskosten in Höhe von 15.000 Mark tragen, nur um auf meinem eigenen Grundstück 30 Bäume fällen zu können.

Doch von diesen Haarspaltereien in den Amtsstuben einmal abgesehen – in den folgenden Monaten schenkte mir der Herrgott endlich einen Lohn für meine harte Arbeit. Meine Firma eilte in der Folge der Quickpoint-Erfindung von Erfolg zu Erfolg, und im Jahr 1986 musste in Nordrach einmal mehr das Betriebsgelände vergrößert werden. Der Bau einer zusätzlichen Montagehalle vergrößerte die Montagefläche auf einen Schlag um 141 Prozent auf 2.658 Quadratmeter, die Flächen von Konstruktionsbüro und elektrotechnischem Büro vergrößerten sich gar um 263 Prozent innerhalb eines Jahres.

Gleichzeitig bekamen auch die Geschäftsbereiche Verwaltung, Verkauf und Lehrwerkstatt endlich den Platz, den sie schon lange benötigt hatten. Allein 1986 stellten wir 32 neue Lehrlinge ein, und die Zahl der Beschäftigten belief sich auf insgesamt 317. Wie enorm diese Zahl für ein mittelständisches Maschinenbau-Unternehmen in den 1980er-Jahren war, lässt sich anhand eines Vergleiches feststellen: Rechnerisch war nun jeder fünfte Nordracher Bürger in meiner Firma angestellt. Die Straße, in der sich meine Fabrik befindet, wurde per Gemeinderatsbeschluss in »Junkerstraße« umbenannt. Und die Stimmung im Betrieb war so gut, dass einige meiner Mitarbeiter sogar eine eigene Musikkapelle gründeten, die »Mihli-Musikanten« – in Anspielung auf die kleine Mühle, in der ich den Betrieb 1962 gegründet hatte.

Im Mai 1987 feierte die Maschinenfabrik Junker ihr 25-jähriges Bestehen mit einer Feierstunde in der Nordracher Gemeindehalle. Dabei wurde mir von Staatssekretär Robert Ruder zu meiner großen Überraschung das Bundesverdienstkreuz verliehen. Unter den Festgästen waren unter anderem der Präsident der Industrie- und Handelskammer und der britische Konsul. Feinkost Käfer aus München lieferte die Speisen und dekorierte die schnöde Halle zu einem Festsaal um, und Star des Abends war der tschechoslowakische Sänger Karel Gott. Ursprünglich hatte ich auch geplant, die erste von der Maschinenfabrik konstruierte Maschine – eben jene, die in den 1960er-Jahren verplombt worden und zum Gegenstand erbitterter Streits und Gerichtsverfahren geworden war – zurückzukaufen und nach Nordrach bringen zu lassen. Leider konnte die Maschine, die über Düsseldorf nach Brasilien verkauft worden war, aber nicht mehr aufgetrieben werden.

Während der Feierstunde hielt ich einen Moment inne, schloss die Augen und erinnerte mich an die Anfänge 25 Jahre zuvor: Wie wir Tag und Nacht in der bitterkalten Mühle geschuftet hatten! Mir war klar, dass ich die Erfolge auch meinen Mitarbeitern zu verdanken hatte, und um sicherzugehen, dass auch die Belegschaft auf ihre Kosten kam, wurden alle Angestellten im September zu einer Ausflugsfahrt im Sonderzug nach Konstanz eingeladen.

Persönlich hatte ich mein lang gesuchtes Glück schon ein Jahr zuvor gefunden. Während der Hannover-Messe hatte ich im September 1985 einige Plätze in der Hotelbar des Interconti-Hotels für mich und meine Geschäftspartner reservieren lassen. Als wir die Bar betraten, waren die reservierten Plätze allerdings belegt – eine zehnköpfige Damen-Kegelgruppe hatte sie in Beschlag genommen. Eine dieser Damen war Marlies, mit der ich im Laufe des Abends ins Gespräch kam. Es stellte sich heraus, dass sie verheiratet, aber mit ihrem Eheleben unglücklich war. Ich erzählte ihr von meinem eigenen Reinfall mit meiner zweiten Ehe, und so kamen wir über unglückliche Themen zu einem glücklichen Gespräch. Bevor ich an jenem Abend auf mein Zimmer ging, lud ich meine neue Bekanntschaft ein, sich während der Messe noch ein zweites Mal mit mir zu treffen, diesmal zum Abendessen.

Einige Tage darauf musste ich aber feststellen, dass sie meiner Einladung trotz vorheriger Zusage nicht gefolgt war. Im Hotel wurde mir lediglich eine Nachricht von ihr übergeben, in der sie sich in kurzen Worten für ihr Fernbleiben entschuldigte. Auf der Fahrt zurück in den Schwarzwald rief ich sie von meinem Autotelefon aus an, und wir redeten über eine Stunde lang. Nun erfuhr ich auch, warum sie zu unserer Verabredung nicht erschienen war: Sie sagte, sie wolle »*nicht sofort wieder in eine neue Beziehung hineinrutschen*«. Das imponierte mir, und meine eigene Sichtweise unterschied sich keinen Deut davon.

Ein knappes Jahr lang telefonierten wir immer wieder und verstanden uns dabei immer besser. Im Juni 1986 zog sie schließlich in den Schwarzwald – allerdings nicht zu mir nach Bühl, sondern in eine Eigentumswohnung in Offenburg. Ich hatte aus meinen schlechten Erfahrungen gelernt, war sehr vorsichtig geworden und wollte nicht noch einmal den Fehler machen, mich zu schnell an eine Frau zu binden.

30

Am Morgen des 20. September 1988 wurde ich um acht Uhr von einem Klingeln an meiner Haustür in Bühl geweckt. Ich war erst wenige Stunden zuvor von einer Geschäftsreise aus dem tschechoslowakischen Brünn zurückgekehrt und öffnete entsprechend verschlafen die Tür. Im Morgenmantel stand ich zwei Bühler Ortspolizisten gegenüber, die vorgaben, meinen Jaguar sehen zu wollen, denn mit dem Wagen sei »*etwas nicht in Ordnung*«. Ich bat die Beamten, etwas später wieder zu kommen und mir zumindest die Zeit zu geben, mich anzukleiden. Doch die Polizisten blieben stur und wiesen mich an, auch meine Hunde einzusperren.

Ich führte die Herren in meine Garage; doch schon auf dem Weg dorthin eröffnete mir einer der beiden Beamten, man sei eigentlich gar nicht wegen des Wagens gekommen. Es kämen auch noch weitere Polizisten. Ehe ich noch wusste, wie mir geschah, fuhren tatsächlich zehn Streifenwagen mit zwanzig weiteren Beamten auf den Hof. Man präsentierte mir einen Hausdurchsuchungsbefehl wegen Verdachts auf Steuerhinterziehung. Diese Anschuldigung erschien mir ungeheuerlich, denn ich hatte meine Steuern stets ordnungsgemäß bezahlt, was ich den Polizisten auch erklärte. Auch war 1987 eine strenge Betriebsprüfung in der Maschinenfabrik durchgeführt worden, die ohne jede Beanstandung vonstattengegangen war.

Doch meine Rede blieb unbeachtet, und die Polizisten begannen, mein komplettes Haus zu durchsuchen und auf den Kopf zu stellen. Einer der Beamten fragte mich, wo im Haus ich denn meinen Safe untergebracht hätte. Als ich erwiderte, ich besäße gar keinen Safe, weil ich keine Verwendung dafür hätte, schenkte man mir keinen Glauben. Stattdessen wurde ein Spezialist aus Karlsruhe angefordert, der das Haus mit allerlei elektrischen Gerätschaften absuchte, aber natürlich nicht fündig wurde. Während der nicht vorhandene Safe im Mittelpunkt des Interesses stand, warf man in den Jaguar kaum einen Blick, obwohl mir doch an der Tür gesagt worden war, mit dem Wagen sei »*etwas nicht in Ordnung*«.

Erst nach fünf Stunden verschwanden die Beamten wieder, offenbar ohne irgendwelches belastendes Material gefunden zu haben. An der Türschwelle eröffnete mir aber einer der Polizisten, man werde nun auch noch die Wohnung meiner Lebensgefährtin in Offenburg durchsuchen. Später erfuhr ich, dass parallel dazu auch sämtliche Räumlichkeiten meines Unternehmens in Nordrach, die Villa und sogar sämtliche mit uns kooperierende Banken in der gesamten Bundesrepublik durchsucht worden waren. Im Nordracher Firmensitz wurden 800 Aktenordner beschlagnahmt und mit einem Lkw abtransportiert. Doch damit nicht genug: Plötzlich rief mich auch meine geschiedene Frau Jutta an und beschimpfte mich als »Verbrecher«. Ich sei daran schuld, dass die Wohnung ihrer Eltern in Bad Nauheim von Polizisten durchwühlt worden sei.

Was nun folgte, war unverschämt: Jutta forderte mich auf, ihr 50.000 Mark zu zahlen, dann würde sie nicht gegen mich aussagen. Ich wies diese Forderung sofort entschieden zurück. Ein Abgrund aus bösen Anschuldigungen tat sich auf, und ich kam mir angesichts der Verleumdungen vor wie im Dritten Reich. Obgleich ich mir nichts hatte zu Schulden kommen lassen, waren doch etliche Polizisten damit beschäftigt, mir ein Verbrechen nachzuweisen. Und nun auch noch meine geschiedene Frau!

Nach den Hausdurchsuchungen im September 1988 hörte ich lange Zeit kein Wort von der Polizei oder der Staatsanwaltschaft. Nicht einmal meinem Anwalt wurde trotz mehrmaliger Nachfrage Akteneinsicht gewährt, so dass ich nicht erfahren konnte, welche Sachverhalte mir eigentlich zur Last gelegt wurden. So vergingen Tage, Wochen und Monate, ohne dass es auch nur eine kleine Entwicklung in dem Fall der angeblichen Steuerhinterziehung gegeben hätte. Ich nahm an, dass die Beamten bei der Durchsuchung der Akten auf keinerlei belastendes Material gestoßen waren und die Sache also im Sande verlaufen würde.

Dennoch blieb ein fader Nachgeschmack, denn die so plötzlich erfolgte Durchsuchung meiner Wohn- und Firmenräume hatte mich verunsichert. Über Kontakte von Freunden aus der Wirtschaft heuerte ich sogar einen pensionierten FBI-Spezialisten an, der mein Wohnhaus in Bühl nach Wanzen absuchte. Meine Lebensgefährtin erinnerte sich daran, dass ihr schon mehrere Wochen vor der Hausdurchsuchung aufgefallen war, wie mehrere Leute aus der Distanz unser Haus beobachtet hatten. Ich wurde sehr misstrauisch, und da von den Behörden nichts zu erfahren war, entschied ich mich sogar – ganz entgegen meiner sonstigen Gewohnheiten – eine Hellseherin aufzusuchen. Diese offenbarte mir, ich stünde vor großen Problemen, an denen sich aber nichts mehr ändern ließe. Kein optimistisches Horoskop!

31

Im November 1989, während sich ganz Deutschland wegen des Falls der Berliner Mauer in euphorischer Stimmung befand, hielt ich mich für einige Zeit geschäftlich in Asien und Südamerika auf. Am 28. November um 6.30 Uhr morgens erhielt ich plötzlich einen Anruf in meinem Hotel in Brasilien. Meine Tochter Inge, die ich gebeten hatte, während meiner Abwesenheit in meinem Haus zu wohnen, schrie aufgeregt ins Telefon: »*Das ganze Haus ist voller Polizisten und Steuerbeamten!*«

Ich bat Inge, sofort meinen Anwalt zu benachrichtigen und den Beamten ansonsten behilflich zu sein. Nach den Erfahrungen der ersten Hausdurchsuchung zwei Jahre zuvor wollte ich nicht noch einmal erleben müssen, dass sämtliche Türen und Schränke von Polizisten aufgebrochen werden. Sofort unterbrach ich auch meine Reise und kehrte mit dem nächsten Flieger nach Deutschland zurück. Dort erfuhr ich von meinen Mitarbeitern, dass 1.200 weitere Aktenordner beschlagnahmt worden waren – die Steuerfahnder hatte nun mehr als 2.000 Ordner aus Nordrach mitgenommen.

Offenbar weil man annahm, dass meine Schwester wichtige Unterlagen von mir in ihrer Wohnung deponiert habe, wurde auch deren Wohnung durchsucht. Dabei klopften die Fahnder die Wände ab und stellten fest, dass es in der Wand zwischen Wohn- und Schlafzimmer eine Stelle gab, an der das Klopfen hohler klang als überall sonst. Mein Schwager erinnerte sich sofort, dass man an der Stelle Jahre zuvor eine Tür zugemauert hatte. Die Beamten aber gingen davon aus, endlich das lange gesuchte Geheimversteck entdeckt zu haben. Die Wand musste aufgebrochen werden; zum Vorschein kam ein leerer Hohlraum.

Ich wusste aber immer noch nicht, was mir zur Last gelegt wurde. Weder mir noch meinem Anwalt wurde mitgeteilt, welche Beweise man mittlerweile gefunden zu haben meinte, um Grund genug zu haben, zwei Jahre nach dem Beginn der Untersuchungen ein weiteres Mal sämtliche Räume zu durchsuchen. Wie 26 Monate zuvor wurde ich auch diesmal nicht verhört und blieb im Unklaren darüber, welches

Verbrechens man mich bezichtigte. In den folgenden Monaten bat mein Anwalt erneut etliche Male um Akteneinsicht, die ihm aber nie gewährt wurde. Erneut verging ein ganzes Jahr, ehe es Neuigkeiten gab.

Am Morgen des 31. Oktober 1991, ich hatte in Nordrach übernachtet, rückte die Steuerfahndung gegen zehn Uhr morgens ein drittes Mal an, dieses Mal allerdings verstärkt durch Beamte der Kriminalpolizei Freiburg. Zum dritten Mal wurde mir ein Hausdurchsuchungsbefehl vorgelegt, und zum dritten Mal durchwühlten die Beamten sämtliche Räume, Schränke und Schubladen. Neu war allerdings der Vorwurf: Nun hieß es plötzlich, ich hätte nicht nur Steuern hinterzogen, sondern auch noch Finanzbeamte bestochen. Was für ein perfektes Unrecht! Ich geriet so in Rage, dass ich die Polizisten beschimpfte und rief: »*Für mich sind Beamte in Deutschland keine Respektpersonen mehr, sondern nur noch Arschlöcher!*« Die Polizisten warfen mir verächtliche Blicke zu, und einer von ihnen sagte: »*Herr Junker, achten Sie doch auf Ihre Worte!*« Alle anderen Worte, die ich an diesem Tag von mir gab, wurden aber nicht beachtet. Ich beteuerte pausenlos, weder Steuern hinterzogen noch Beamte bestochen zu haben – dieser Vorwurf war ja an Absurdität kaum zu überbieten! – doch ich fand kein Gehör.

Nachdem die Villa und der Firmenhauptsitz auf den Kopf gestellt worden waren, bat man mich, zusammen mit den anwesenden Herren nach Bühl zu fahren. Meine Lebensgefährtin hielt sich zu diesem Zeitpunkt in Bühl auf, öffnete aber nicht sofort das Tor, weil sie zunächst mit mir sprechen wollte. Daraufhin sprangen einige der Polizeibeamten mit gezückter Pistole über den Zaun und nötigten meine Lebensgefährtin, die Tür zu öffnen. Es waren Szenen wie in einem Film. Dass mir so etwas in Deutschland passieren würde, wäre mir nie in den Sinn gekommen – und das in einem Rechtsstaat.

Am Ende der aus meiner Sicht ergebnislos verlaufenen Hausdurchsuchung in Bühl, als ich schon dachte, ich hätte nun wieder einige Monate Ruhe vor den Beamten, sprach mich einer der Polizisten an und sagte: »*Jetzt haben wir noch etwas Unerfreuliches.*« Ich wurde verhaftet! Zunächst wollte man mir wegen angeblicher Selbstmordgefahr nicht einmal gestatten, mir noch eine Decke aus den Haus zu holen. Ich wurde abgeführt wie ein Schwerverbrecher, und als ich während der Fahrt zum Gefängnis bat, man möge bei einer Raststätte halten, um mich austreten gehen zu lassen, wurde mir selbst der Toilettenbesuch nur in Begleitung gestattet.

32

Im Mannheimer Untersuchungsgefängnis wurde mir eine neun Quadratmeter große Zelle zugewiesen, die ich mit einem Mann teilte, der bei einer Krankenkasse 300.000 Mark unterschlagen hatte. Wir schliefen in einem Stockbett; mein Bett war das untere. 23 Stunden täglich waren wir eingesperrt, nur eine Stunde lang durften wir uns auf dem Gefängnishof die Beine vertreten. Unter Aufsicht mussten wir in einem geregelten Kreis laufen, einer zwei Schritte hinter dem anderen, und vor mir lief ein Mann, der seine Frau erstochen hatte.

In einer Zelle zu sitzen, ohne genau zu wissen warum, das war für mich eine fast unerträgliche Situation. Über Jahrzehnte hinweg hatte ich unermüdlich gearbeitet, hatte mich aufgezehrt für den Aufbau meiner Firma und Hunderte Arbeitsplätze geschaffen – der Dank dafür war eine Inhaftierung? Ich, der ich immer auf Menschen zugegangen war und die aufschlussreichsten Gespräche mit faszinierenden Menschen rund um den Globus geführt hatte, konnte plötzlich nur noch mit meinem Zellenaufseher sprechen, der sich glücklicherweise für meine Erfindungen und Patente interessierte. Der einzige, der mich jederzeit im Gefängnis hätte besuchen können, war übrigens der Nordracher Dorfpfarrer, der sich aber nie blicken ließ.

Im Gefängnis bekam ich endlich Erlaubnis, die Akten einzusehen. Erst jetzt erfuhr ich, welche Anschuldigungen man gegen mich erhob und aus welchen Gründen ich verhaftet worden war. Ich hörte, dass bereits im Jahr 1987 ein anonymes Schreiben beim Offenburger Finanzamt eingegangen war, das offensichtlich von einem meiner führenden Mitarbeiter verfasst worden war. Bezugnehmend auf die Betriebsprüfung 1987 erhob der anonyme Schreiber mehrere Vorwürfe gegen mich und meinen Finanz-Geschäftsführer. So sollte dem Betriebsprüfer ein »*ganz normaler Gabelhubwagen mit Schneeketten vorgeführt worden sein, der aber in Wirklichkeit ein Behindertenfahrzeug ist*«. Und eine »*mit Steuergeldern finanzierte*« CNC-Maschine[5] sei während der Betriebsprüfung aus der Produktion genommen worden. Außerdem laufe mein Privathaus in Bühl über die Firma. Der Brief an das Finanzamt endete mit dem Satz: »*Sicher wäre es Ihre gesetzliche Pflicht, hier einmal besser und gründlicher nach dem Rechten zu sehen – oder sind Sie Junker nicht gewachsen!*«

---

5 – Die besagte CNC-Maschine, Typ Maho, war zur betreffenden Zeit tatsächlich aus dem Betrieb entfernt worden; allerdings nicht wegen Subventionsschwindels, sondern weil die Maschine für interne Tests gedacht war und den Kunden nicht vorgeführt werden sollte.

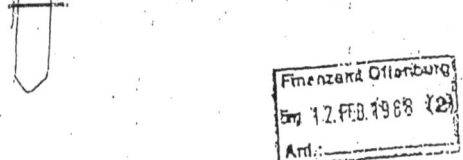

Dez. 1987

An den
Abteilungsleiter Betriebsprüfung
Finanzamt

7600 Offenburg

Sehr geehrter Leiter der Abteilung Betriebsprüfung.

Betr.: Betriebsprüfung 1987 bei der Fa. E.Junker in Nordrach.

Als Arbeitnehmer bin ich ein treuer und braver Steuerzahler.
Ganz anders sieht es offensichtlich bei der Fa. Junker aus. Bei
Ihrer Betriebsprüfung vom Juni bis August sind mir Dinge aufgefallen die nicht Legal sein dürften: Da wurde doch Ihrem Prüfer
ein ganz normaler Gabelhubwagen mit Schneeketten vorgeführt, das
in Wirklichkeit ein Behindertenfahrzeug ist.Dies war ein soziales
Geschenk an eine Privatperson,und sollte somit in den Büchern
der Fa. nichts zu tun haben. Oder eine C N C.- Maschine Typ Maho
1000 wurde angeblich als Versuchsmashine Angeschafft (mit Steuergel-
der finanziert), und mußte deshalb bei Ihrer Anwesenheit aus der
vollen Produktion genommen werden. Genauso wie 1986 kein Daimler
(8 Stück) während Ihrer Prüfung in der Fa. sein durften, oder
Privathaus" Rheintalblick in Bühl das auf die Fa. läuft, und ...
Ich möchte meine Aufzählungen beenden, und bin der Meinung, daß
dies Betrug am treuen braven Steuerzahler ist.
Sicher wäre es Ihre gesetzliche Pflicht und Aufgabe hier einmal
besser und gründlicher nach dem Rechten zu sehen,oder sind Sie
Junker und Schütte nicht gewachsen!

Anonymes Schreiben aus dem Jahr 1987, das beim
Finanzamt Offenburg einging. Das Schreiben nimmt Bezug
auf die Betriebsprüfung 1987 und erhebt Vorwürfe gegen
Erwin Junker und seinen Geschäftsführer für Finanzen.

Ich las diesen Brief etliche Male, konnte mir aber keinen Reim auf die Anschuldigungen machen und las das Schreiben deshalb noch etliche Male mehr. Ich verdächtigte schließlich einen meiner Mitarbeiter, Urheber des anonymen Briefes zu sein. Zwar konnte ich das nicht beweisen, doch der Stil, in dem der Brief geschrieben war, wies ebenso auf ihn hin wie die Tatsache, dass außer ihm niemand über die Details der Betriebsprüfung Bescheid wissen konnte. Auch hatte ich ihm einmal im Streit Unfähigkeit vorgeworfen und nahm deshalb an, bei dem Brief handele es sich um einen Racheakt. Während bis heute nicht bewiesen werden konnte, wer den Brief verfasst hatte, war aus den mir im Gefängnis vorgelegten Unterlagen aber klar ersichtlich, wer mich darüber hinaus noch beschuldigte: meine geschiedene Frau Jutta, die ihren Liebhaber zwischenzeitlich geheiratet hatte und mit ihm in der Schweiz lebte.

Nachdem das Haus ihrer Eltern 1988 durchsucht worden war und sie mich am Telefon beschuldigt hatte, wollte Jutta offenbar – trotz meiner Weigerung, ihr die geforderten 50.000 Mark zu zahlen – zunächst von ihrem Recht auf Aussageverweigerung Gebrauch machen. Ein entsprechender Brief war am 27. September 1988 (eine Woche nach der ersten Hausdurchsuchung) bei der Staatsanwaltschaft in Mannheim eingegangen. Dennoch, auch dies erfuhr ich erst im Gefängnis, hatte man 1990 ein zweites Mal versucht, das Haus ihrer Eltern zu durchsuchen. Kaum hatten die Beamten meinen Ex-Schwiegereltern damals den Hausdurchsuchungsbefehl präsentiert, riefen diese bei meiner geschiedenen Frau an und baten sie, etwas zu unternehmen. Jutta sprach daraufhin mit dem zuständigen Staatsanwalt, der ihr einen Deal anbot: Falls sie doch aussagen würde, könnte von der Hausdurchsuchung bei ihren Eltern Abstand genommen werden. Meine geschiedene Frau nahm dieses Angebot an, woraufhin die Hausdurchsuchung abgebrochen wurde.

Auf Wunsch meiner geschiedenen Ehefrau fanden die insgesamt fünf Verhöre allesamt nicht in einem öffentlichen Gebäude (weder im Dienstzimmer des zuständigen Amtsrichters noch in einem ihm zur Verfügung gestellten Gerichtszimmer im Aufenthaltsort meiner geschiedenen Frau) statt, sondern im Hinterzimmer eines Bad Nauheimer Cafés. Schon dieser Umstand ist reichlich kurios; doch noch bemerkenswerter sind die Aussagen meiner geschiedenen Frau. Vermutlich kam sich Jutta bei den Treffen mit den Beamten sehr wichtig vor und freute sich außerdem über die Gelegenheit, mir einen Denkzettel zu verpassen. So kam es zu einigen denkwürdigen Aussagen. Jutta sagte aus, sie wisse von illegalen Bargeldzahlungen sowohl an Beamte des Finanzamts Wolfach als auch an gewisse Personen im Ostblock; sie wisse außerdem, dass durch diese Zahlungen und durch aufwendige Bewirtung der Beamten während der Betriebsprüfung eine vorteilhaftere Besteuerung der Firma und von mir persönlich erfolgt sei.

In den folgenden Wochen wurden die Vernehmungen vertieft und wiederholt, wobei sich Jutta in praktisch jedem Verhör an neue, abweichende oder weitergehende Details zu erinnern glaubte. So hatte sie in der ersten Vernehmung noch zu Protokoll gegeben, sie kenne keine Finanzbeamten. Später sagte sie jedoch aus, sie sei selbst dabei gewesen, als ich mich in der Weihnachtszeit 1983 »*im Freiburger Raum*« zum Essen mit Finanzbeamten getroffen hätte. An dem genauen Namen des Ortes, in dem dieses Treffen stattgefunden haben sollte, konnte sie sich ebenso wenig erinnern wie an den Namen des Restaurants. Sie gab lediglich zu Protokoll, beim Haupteingang der Gaststätte ginge es »*eine Treppe hinauf*«. Die Staatsanwaltschaft fuhr daraufhin die gesamte Umgebung ab und suchte nach Restaurants mit einem Treppenaufgang am Portal.

Als man ihr schließlich Fotos von Finanzbeamten vorlegte, meinte Jutta vier von mir bestochene Beamte erkennen zu können. Es handelte sich dabei um den stellvertretenden Leiter des Wolfacher Finanzamts, Erich Vogt, der am selben Tag verhaftet wurde wie ich selbst. Außerdem beschuldigt wurden der kurz vor der Pensionierung stehende Leiter des Finanzamts, Dr. Rudolf Rosset, und zwei Lohnsteuerprüfer. Meine Frau wollte gesehen haben, wie ich bei einer Baden-Badener Bank 160.000 Mark abgehoben und das Geld auf vier Briefumschläge verteilt hätte. Nacheinander sei ich mit jedem der vier Beamten zur Toilette gegangen und hätte dort jedem ein Kuvert zugesteckt. Sie selbst habe sich nach dem Essen vergewissert, dass sich das zuvor abgehobene Geld nicht mehr im Jackett meines Anzugs befand.

Diese in höchstem Maße unglaubwürdigen Aussagen reichten der Staatsanwaltschaft aus, um ein mehrjähriges Verfahren gegen mich zu führen und mich verhaften zu lassen. Mein Anwalt Dr. Eberhard Braun bezeichnete die gegen mich gerichteten Vorwürfe gegenüber der Presse als »völlig lächerlich«, womit er sicherlich Recht hatte. Grobe Widersprüche in den Aussagen meiner geschiedenen Frau waren für die Staatsanwaltschaft und die Steuerfahndung offenbar unerheblich. Stattdessen verstieg man sich auf die mit gesundem Menschenverstand nicht nachzuvollziehende Hypothese, vier gestandene Finanzbeamte hätten sich von einem Unternehmer auf dem Klo Geld zustecken lassen!

Unschwer hätte sich schon unmittelbar nach den Verhören mit meiner geschiedenen Frau einwandfrei klären lassen, dass die von ihr ausgesagten Sachverhalte erlogen waren. Nachforschungen bei der genannten Bank in Baden-Baden hätten beispielsweise ergeben, dass ich dort gar kein Geld abgehoben hatte. Auch war es der Staatsanwaltschaft nicht möglich, ein Restaurant ausfindig zu machen, welches auf die Beschreibung meiner Frau gepasst hätte. Als sie bemerkte, welche Folgen ihre Aussagen auslösten, berief sich meine geschiedene Frau übrigens doch wieder auf ihr Aussageverweigerungsrecht und zog sich in ihr Schweizer Domizil zurück.

Mir ist noch heute rätselhaft, wie die Staatsanwaltschaft trotz dieser Widersprüche und Merkwürdigkeiten an den Vorwürfen gegen mich festhalten konnte. Das Finanzamt Wolfach erhob schriftlich Forderungen in Höhe von 10,5 Millionen Mark, die ich allesamt hinterzogen haben sollte. Die Steuerfahndung des Finanzamts Rottweil präsentierte hierzu einen Steuerfahndungsbericht, der meinem Anwalt Dr. Eberhard Braun zufolge »*für einen fachkundigen Leser völlig absurd*« klang. Dr. Braun erhob auf einer Pressekonferenz schwere Vorwürfe gegen die Staatsanwaltschaft und fragte sich laut, »*warum es nicht einen einzigen mutigen und selbstbewussten Finanzbeamten bei der Oberfinanzdirektion Freiburg oder beim Finanzamt in Wolfach gegeben hat, der der Steuerfahndung erklärt hätte, einen derartigen Unsinn nicht zu übernehmen*«. Er hatte Recht: Dass meine geschiedene Frau eine Lügnerin ist, das ist eine Sache. Aber dass deutsche Beamte diese Lügen ungeprüft übernahmen, das halte ich für einen Skandal.

Glücklicherweise stand ich mit meinem Anwalt nicht allein gegen die Staatsanwaltschaft. Denn die von meiner geschiedenen Frau der Bestechlichkeit bezichtigten Wolfacher Finanzbeamten wussten sich zu wehren. Der Fall war bald überregional bekannt, neben vielen Zeitungen berichteten auch mehrere Fernsehsender über meine Verhaftung. Die Umstände waren ja auch grotesk: Ich war mir sicher, niemandem Geld zugesteckt zu haben, und die vier Beamten waren sich sicher, kein Geld empfangen zu haben. Erich Vogt sagte, er habe »nicht einmal einen Kalender oder einen Kugelschreiber erhalten.«

Und Dr. Rosset, der angeblich 500.000 Mark angenommen haben sollte, beklagte sich in einem Brief an den baden-württembergischen Ministerpräsidenten Erwin Teufel über »*einen Justizskandal ersten Ranges*«. Der Steuerfahndung Rottweil und dem Landgericht Mannheim wurden bald darauf schlampige und grob fehlerhafte Tätigkeit vorgeworfen, und der Petitionsausschuss des baden-württembergischen Landtags wurde eingeschaltet.

All das änderte aber zunächst nichts daran, dass ich in einer Zelle des Mannheimer Polizeigefängnisses saß. Hier gestattete man mir nach zwei Wochen immerhin, mir einen Fernseher zu kaufen. Das neue Gerät musste zugeschweißt ins Gefängnis gebracht werden, denn man befürchtete, jemand würde mir im Gehäuse versteckte Drogen zustecken. Ich brauchte den Fernseher glücklicherweise nicht lange, denn 21 Tage nach meiner Inhaftierung wurde ich gegen eine unverschämt hohe Kaution von fünf Millionen Mark aus dem Gefängnis entlassen. Das Fernsehgerät wollte ich meinem Zellengenossen schenken, was aber nicht erlaubt wurde. So warf ich den fünf Tage alten Fernseher vor dem Gefängnis in den Müll.

33

Das Gefängnis durfte ich zwar am 22. November 1991 wieder verlassen. Doch ich musste meinen Reisepass und den Personalausweis bei der Polizei abgeben und hatte mich jede Woche auf dem Polizeirevier zu melden. Ich empfand das als Demütigung. Schlimmer noch war aber, dass ich ohne Pass nicht in der Lage war, Deutschland zu verlassen. Und das, obwohl ich der wichtigste Verkaufsrepräsentant meiner Firma war und die Maschinenfabrik Junker mittlerweile 70 Prozent des Umsatzes mit Geschäften im Ausland machte! Die Firma wäre unter dem Finanz- und Justizskandal fast zusammengebrochen.

Während des Verfahrens sank der Umsatz von 64 Millionen Mark im Jahr 1991 um zwei Drittel auf 22 Millionen Mark im Jahr 1994. Dies ist nicht weiter verwunderlich, wenn man bedenkt, dass unsere Kunden über Monate hinweg aus den Medien von dem Fall erfuhren und den Vorwürfen der Staatsanwaltschaft zumindest anfänglich auch Glauben schenkten. Außerdem konnte ich an unzähligen wichtigen Besprechungen nicht teilnehmen, musste Konferenzen absagen und konnte keine Verkaufsgespräche führen. Mein Lebenswerk, die Maschinenfabrik, konnte nur durch die Reduzierung der Arbeitsplätze von 430 auf 245 gerettet werden, womit sich auch die Zahl der Arbeitsplätze in Nordrach fast halbierte. Es fiel mir denkbar schwer, meine Mitarbeiter zu entlassen, zumal ich an meinem 60. Geburtstag im Frühjahr die Ehrenbürgerwürde der Gemeinde Nordrach entgegengenommen hatte.

Die Vorwürfe der Staatsanwaltschaft erwiesen sich größtenteils als unhaltbar. Der Bestechungsvorwurf löste sich in Rauch auf, und die vier Finanzbeamten wurden von Landesfinanzminster Gerhard Mayer-Vorfelder voll rehabilitiert. Dr. Rudolf Rosset forderte daraufhin den Rücktritt des Justizministers Thomas Schäuble. Festgehalten wurde von Seiten der Staatsanwaltschaft allerdings an den Vorwürfen der Steuerhinterziehung. Zwar wurde die Höhe der Forderungen von zehn auf acht Millionen Mark reduziert, aber die absurden Ausgangspunkte der Ermittlungen wurden nicht verändert. Meine Verteidiger legten eine 100-seitige Verteidigungsschrift vor, die jeden Sachverhaltspunkt in steuerrechtlicher Hinsicht ausführlich darlegte. Ein erstes Ergebnis nach weiteren Diskussionen auf Ebene des Finanzamts und der Oberfinanzdirektion war, dass die Forderung von acht Millionen Mark in dieser Größenordnung als völlig verfehlt bezeichnet wurde.

In den weiteren Wochen waren auch die Bevollmächtigten meiner Firmengruppe bereit, Kompromisse zu schließen, um im Besteuerungsverfahren endlich zu abschließenden Ergebnissen zu kommen. Das überraschende Ergebnis war, dass die Maschinenfabrik Junker nicht nur keine Steuern nachzahlen musste, sondern im Gegenteil sogar Steuern erstattet bekam – denn die bereits erfolgte Besteuerung war zum Nachteil meiner Firma falsch gewesen. Ich selbst musste als Privatperson zwar Steuern nachzahlen; dies aber aufgrund von Sachverhalten, die mit der Hauptprämisse der Steuerfahndung gar nichts zu tun gehabt hatten. Bis zum Ende des Verfahrens war ich übrigens kein einziges Mal selbst verhört worden. Man hat mich nie irgendetwas gefragt, sondern sämtliche Verhandlungen liefen über meinen Anwalt. Ich persönlich wurde wie ein Niemand behandelt.

Wie brisant die Situation in den Wochen vor der Urteilsverkündung war, musste ich am 28. Juni 1995 erfahren. Ich saß in meinem Nordracher Büro, als mich plötzlich meine Schwester anrief. Aufgeregt schrie sie in den Hörer: »*Erwin, dein Auto steht in Flammen!*« Ich alarmierte sofort die Feuerwehr und stürzte auf die Straße hinaus. Es wurde nie herausgefunden, warum das Auto gebrannt hat. Ich habe es für ein Gutachten zu BMW nach München schicken lassen, doch selbst den Experten dort war es nicht möglich, einen Nachweis zur Brandursache zu führen. Das Auto hatte aber zwei Stunden lang auf dem Parkplatz gestanden, bevor es in Brand geriet. Ich vermute daher, dass es sich um Brandstiftung oder gar um eine Autobombe gehandelt hat.

VOLKSBANK GENGENBACH-ZELL EG	Kontokorrent	Kontoauszug	DEM-Konto
HAUPTSTRASSE 7 77736 ZELL AM HARMERSBACH	Kontonummer	Auszug-Nr.	Blatt / von
BANKLEITZAHL: 66491300	2 0186 08	115/1999	2/2

Buch.Tag	Buch.Nr.	Wert	Umsatzvorgang		Umsätze	Soll	Haben
28.07.	931	28.07.	GUTSCHRIFT				5.664.884,00 H
			Von: FA BUEHL 9430003				
			Kto: 4020621100 **BLZ:** 66020020				
			Verw.-Zweck: STEUERERSTATT.36004/25986				
			EINK.ST 1998 5606.462,87 SOL.EST 1998 58.421,13				
			Neuer Saldo vom 28.07.1999 5.618.282,06 H				

Bitte beachten Sie die Hinweise auf der Rückseite!

Gutschrift vom Finanzamt – Genugtuung für erlittenes Unrecht

Eine weitere Ungeheuerlichkeit war die Behauptung meiner geschiedenen Frau, ich hätte halb fertige Maschinen nach Amerika verschiffen lassen, um die Maschine dort fertigbauen zu lassen und auch in den USA Steuern zu hinterziehen. Während ich im Gefängnis saß, wurde im amerikanischen Büro meiner Firma eingebrochen. Die Diebe entwendeten eine alte Schreibmaschine und rund 30 Disketten mit Daten über die Firma – sonst fehlte nichts. Man hatte die Schreibtische und Schränke aufgebrochen, die Ordner durchwühlt und letztlich trotzdem kaum etwas mitgenommen. Mein Anwalt hat damals den Vorwurf erhoben, dass die Staatsanwaltschaft Mannheim diesen Einbruch veranlasst hat, und davon bin ich auch heute noch überzeugt. Meine Firma erstattete daraufhin Anzeige gegen unbekannt, die Fahndung verlief jedoch ergebnislos. Schließlich kam die Versicherung für den entstandenen Schaden auf, und die Arbeit im Büro wurde fortgeführt.

All die Aufregung um meine angebliche Steuerhinterziehung war fraglos überzogen und entbehrte jeder vernünftigen und oft auch jeder rechtsstaatlichen Grundlage. Ich muss allerdings zugeben, dass mir in den Jahren zuvor doch einige Fehler und Unachtsamkeiten unterlaufen waren. Während der Ermittlungen kamen Dinge zutage, von denen ich selbst keine Ahnung gehabt hatte, von denen ich aber hätte wissen sollen. Zum Beispiel habe ich in den 1980er-Jahren meinem Jugendfreund und ehemaligen Feuerwehrkameraden Anton Himmelsbach, der einen Schlaganfall erlitten hatte, ein Behindertenfahrzeug geschenkt. Dieses Fahrzeug kostete rund 14.000 Mark, und mein Buchhalter aktivierte diesen Betrag in der Firma, anstatt sich auf der Gemeinde eine Spendenbescheinigung geben zu lassen; diese Aktivierung geschah aber ohne mein Wissen und ganz gewiss nicht auf meine Anweisung hin.

Als einige Jahre später Betriebsprüfer in die Firma kamen, muss sich der Geschäftsführer an seinen Fehler erinnert haben. Anstatt aber diesen Fehler einfach zuzugeben, ließ er ein Typenschild mit dem Namen des Behindertenfahrzeugs anfertigen und an einen Elektrostapler anbringen. Bei der Betriebsprüfung blieb der Schwindel unbemerkt.[6] Aufgrund des anonymen Briefes und des Finanzskandals wurde der Betrug aber schließlich aufgedeckt – und ich wurde wegen Urkundenfälschung verurteilt, obwohl ich von der Angelegenheit gar nichts gewusst hatte.

Ein anderes Beispiel für meine Versäumnisse ist die im anonymen Brief ebenfalls angesprochene Affäre um mein Privathaus in Bühl. Ich hatte das Grundstück schon Ende der 1960er-Jahre gekauft, weil ich damals die Absicht hatte, gemeinsam mit meiner Familie ins Achertal zu ziehen, um näher bei der Verwandtschaft meiner Ehefrau zu sein. Das Haus war schon im Rohbau fertig gestellt, als mir klar wurde, dass ich aufgrund der Probleme in meiner Familie nicht würde in Bühl einziehen können. Meine Berater schlugen vor, den Bau fertigzustellen und das Haus als Hotel zu führen. Tatsächlich wurde durch Anzeigen in mehreren Zeitungen für das sogenannte »Hotel Garni« geworben, es gab Hotelpersonal, und es kamen auch Gäste.

Allerdings war die Belegung nie sehr gut, denn ich wollte ja auch eigentlich kein Hotel führen, sondern lediglich den Bestand sichern und zumindest die laufenden Kosten decken. Das Finanzamt machte uns einen Strich durch die Rechnung,

---

6 – Der betreffende Steuerprüfer, der dem Schwindel aufgesessen war, musste vor dem Oberlandesgericht als Zeuge aussagen und sich dafür einen Anwalt nehmen, den er aus eigener Tasche zu zahlen hatte. Steuerprüfer sind keine ausgebildeten Techniker.

denn das Hotel Garni wurde als Liebhaberprojekt angesehen, und die Firma durfte die Hotelkosten nicht abschreiben. Immerhin gestattete man uns, eigene Gäste der Maschinenfabrik Junker im Haus unterzubringen, und das Finanzamt akzeptierte dafür jährliche Kosten in Höhe von 60.000 Mark. In den folgenden Jahren wurden deshalb so viele Firmenbesucher wie möglich im Hotel Garni untergebracht, um die Kosten möglichst gering zu halten.

Als ich nach dem Selbstmord meiner Frau nach Bühl zog, hatte ich vergessen, die Papiere ändern zu lassen. Mein Privathaus lief weiterhin auf die Firma, was sicherlich falsch war. Allerdings muss auch die Frage erlaubt sein, welcher Mann nach dem Selbstmord seiner Frau daran denkt, die Steuerpapiere seines Wohnhauses zu überprüfen. Ich hatte Anfang der 1980er-Jahre andere Dinge im Kopf.

Im November 1995 wurde ich zu 15 Monaten Haft auf Bewährung und 500.000 Mark Geldstrafe verurteilt. Hatte man mir ursprünglich vorgeworfen, mehr als zehn Millionen Mark hinterzogen zu haben, so blieben im Urteil davon gerade einmal noch 800.000 Mark übrig. Ich habe nichts zu verbergen und möchte deshalb an dieser Stelle erklären, wie die Summe von 800.000 Mark zustande kam. Schon ab den 1960er-Jahren hatte ich damit begonnen, jedes Jahr etwas Bargeld in einem Schweizer Safe zu hinterlegen – natürlich ordentlich versteuert. Als sich dort rund 200.000 Mark angesammelt hatten, riet mir ein Banker: »*Sie sollten unbedingt Aktien kaufen, um mit diesem Geld noch etwas zu verdienen!*« Ich hatte keine Zeit, mich intensiv mit diesem Ratschlag zu beschäftigen, und stimmte zu. Ich kaufte einige amerikanische Aktien, brachte mein Erspartes weiterhin Jahr für Jahr in die Schweiz und verfügte dort letztlich über rund 400.000 Mark.

In den 1970er-Jahren gaben die Aktien stark an Wert nach, und ich verlor gut die Hälfte meines in der Schweiz gesparten Geldes. Ich fühlte mich falsch beraten und schimpfte auf die Bänker. Diese hatten aber schon wieder einen neuen Ratschlag parat und empfahlen mir diesmal, das Geld in Britische Pfund zu investieren, denn nach dem Amtsantritt der Thatcher-Regierung werde das Pfund stark an Wert zulegen. So kam es tatsächlich, und ein paar Jahre später hatte ich den Betrag, den die amerikanischen Aktien mich gekostet hatten, mit Britischen Pfund wieder verdient. Diese Gewinne hätte ich versteuern müssen – was ich nicht tat. Genauso wie ich den Verlust durch die Aktien nicht von der Steuer abgesetzt hatte, versäumte ich es, den Gewinn anzumelden. Ich war mit meinen Gedanken einfach sieben Tage die Woche und 24 Stunden am Tag bei meiner Firma.

Auch sonst hat man in dem Prozess aus jeder Mücke einen Elefanten gemacht. Dass ich meiner Haushälterin in Bühl ein gebrauchtes Auto für Besorgungen zur Verfügung gestellt hatte, wurde ebenso gegen mich verwendet wie der Kauf einer Fräsmaschine durch meinen kaufmännischen Geschäftsführer. Ich wusste gar nichts vom Kauf dieser Fräsmaschine, hörte aber plötzlich vor Gericht, diese Maschine sei für Forschung und Entwicklung und außerdem noch für andere Produkte verwendet worden, und so weiter und so weiter. Dazu kamen Zins und Zinseszins, und irgendwie ergaben sich diese 800.000 Mark allesamt aus Delikten, die vielleicht gar nicht weiter nennenswert gewesen wären, hätten die Ermittler nach dem geplatzten Bestechungsfall nicht unter starkem Rechtfertigungsdruck gestanden. Und im Übrigen waren es auch Delikte, die unter normalen Bedingungen durch Nachzahlungen und Strafbefehl erledigt worden wären. Stattdessen hatte ich Untersuchungshaft und Rufmord über mich ergehen lassen müssen. Bei der Urteilsverkündung war dann aber für alle Beobachter klar erkennbar, dass der gesamte Fall von Beginn an ein einziger Skandal gewesen war. Man hatte anscheinend viel Freude daran gehabt, einen erfolgreichen Unternehmer fast in den Ruin zu treiben. Und der zuständige Staatsanwalt wurde später sogar noch zum Richter befördert!

Als Reaktion auf meine Enttäuschung über den deutschen Rechtsstaat – und auch weil der Staat nicht verhindert hatte, dass meine Kinder auf dem Schulhof Drogen bekamen – schickte ich mein Bundesverdienstkreuz per Einschreiben an Bundespräsident Roman Herzog zurück. In wenigen Zeilen begründete ich meine Entscheidung und schrieb, ich wolle keine Auszeichnung von einem Staat haben, der unbescholtene Bürger ins Gefängnis steckt. Eine Antwort darauf habe ich nie erhalten; wohl aber wurde mir einige Tage später der Rahmen, in dem sich die Urkunde befunden hatte, wieder aus Bonn zugestellt. »*Der Rahmen gehört Ihnen*«, hieß es in dem knappen Begleitschreiben. Ebenfalls infolge des Finanzskandals trat ich von meinem Posten als Aufsichtsratsvorsitzender der Volksbank Zell-Oberharmersbach zurück. Ich hatte dem Aufsichtsrat 23 Jahre lang angehört, davon 20 Jahre als Vorsitzender.

Von den beiden Denunzianten, die mich mit ihren Beschuldigungen für drei Wochen hinter Gitter gebracht hatten, habe ich übrigens auch noch einmal gehört. Zunächst meldete sich die Ex-Frau des Schweizer Liebhabers meiner geschiedenen Frau Jutta und berichtete mir, in der Schweiz erzähle man sich, Jutta bekäme demnächst fünf Millionen Mark als Erbe von mir ausbezahlt. Dieses Gerücht entbehrte jeder Wahrheit; offenbar führte Jutta ihre Lügen aber auch in der Schweiz fort. Ich erfuhr später, dass ihr neuer Ehemann das zu erwartende Erbe sogar als Sicherheit einer Bank gegenüber angegeben hatte, als er einen Kredit über drei Millionen

Schweizer Franken aufnahm. Ich klärte den armen Mann darüber auf, dass Jutta kein Erbe erhalten würde; daraufhin warf auch er sie aus dem Haus.

Und der Unbekannte, der 1987 einen Brief an das Finanzamt geschickt und die Fahndung damit in die Wege geleitet hatte, meldete sich im Jahr 2001 ein weiteres Mal. In einem abermals anonym verfassten Brief schrieb der Unbekannte, er sei schwer erkrankt und wolle sich ein reineres Gewissen verschaffen, indem er mir mitteilte, dass der von mir verdächtigte Betriebsleiter nicht der Verfasser des Briefes gewesen sei. Ob diese Aussage glaubwürdig ist oder nicht, möge der Leser dieses Buches selbst entscheiden. Ich interessiere mich nicht mehr dafür.

34

Ich habe in meinem Leben einige Fehler gemacht; der größte darunter war sicherlich die Entscheidung, meine zweite Frau zu heiraten. Ein weiterer Fehler aber war es, meinem Geschäftsführer und Buchhalter nach der Finanzaffäre die Treue zu halten. Er wurde 1995 ebenfalls verurteilt; seine Strafe belief sich auf zehn Monate Haft auf Bewährung sowie eine Geldstrafe in Höhe von 150.000 Mark. Der Buchhalter war zu diesem Zeitpunkt bereits mehr als 20 Jahre lang in meiner Firma tätig, und als gütiger Mensch war ich bereit, ihm zu helfen, obwohl ich wohl besser gleich reinen Tisch gemacht hätte. Ich habe mich in all den Jahren stets um neue Erfindungen und Aufträge gekümmert, aber nie um die Buchhaltung.

So verblieb der Buchhalter auch nach 1995 in der Firma. Ich nahm an, dass wir alle aus den Fehlern gelernt hätten und nun keine weiteren Schlampereien in der Buchhaltung zu erwarten seien. Ich hätte es besser wissen müssen: Wer ein falsches Typenschild an einen Elektrostapler klebt, der ist auch nicht in der Lage, die Finanzen eines Weltunternehmens zu führen. Dies nicht zu erkennen, war ein Fehler, der sich bald darauf rächen sollte. Um die Jahrtausendwende kam der Buchhalter plötzlich in mein Büro und sagte: »*Herr Junker, ich muss Ihnen etwas sagen. Ich habe Bilanzen unterschrieben, die falsch sind.*« Ich sagte sofort, dass er ins Gefängnis müsse, falls das wahr sei. Er erwiderte, er sei zur Selbstanzeige bereit, wenn ich im Gegenzug sein Gehalt um 100.000 Mark erhöhen und seinen Vertrag bis zum 59. Lebensjahr verlängern würde.

Kurz darauf wurde die Beratergesellschaft PricewaterhouseCoopers damit beauftragt, die Buchhaltung zu prüfen und neu zu ordnen. Der Finanz-Geschäftsführer verließ meine Firma und mein Unternehmen erstattete Selbstanzeige. 2003 mussten wir aufgrund der fehlerhaften Buchhaltung in den Jahren zuvor mehr als fünf Millionen Mark Steuern nachzahlen, was die Firma finanziell stark schwächte. In jenem Jahr machte die Maschinenfabrik Junker zum ersten Mal in ihrer Geschichte Verluste und war auf Kredite von einem Bankenpool angewiesen, um die Krise zu überstehen.

Um zu verhindern, dass die Banken ihre Kredite kündigten, musste ich im Alter von 72 Jahren 2,5 Millionen Euro in die Firma einbringen. Dafür musste ich mein gesamtes Privatvermögen verpfänden. Außerdem musste ich einen Treuhänder einsetzen und mich verpflichten, das Unternehmen spätestens im Herbst 2005 zu verkaufen. Als Lohn für das angeblich große Risiko, das die Banken eingingen, verlangten sie eine Prämie in Höhe von 407.000 Euro.[7] Durch einige wichtige Aufträge, insbesondere durch eine große Bestellung aus China, konnte die Firma aber schon im Jahr 2004 wieder schwarze Zahlen schreiben und verzeichnete einen Gewinn, der doppelt so hoch ausfiel wie der Verlust des Vorjahres. Ein Jahr später waren wir in der Lage, die Poolbanken aufzulösen, den Pool zu streichen und die Firma aus eigener Kraft gesichert in die Zukunft zu führen.

Kein Glück hatte ich aber bei der Wahl der Nachfolger für den unfähigen Buchhalter, der all diese Probleme ausgelöst hatte. Dessen direktem Nachfolger stieg sein Größenwahn zu Kopf. Er ließ sich von falschen Angaben und Zahlen aus Amerika blenden und versuchte, mit dem Dollarkurs zu spekulieren. Dazu war er weder in der Lage, noch hatte er die Berechtigung dazu. Mit seinen Devisenspekulationen setzte der Mann ein ganzes Vermögen in den Sand und hatte noch nicht einmal den Anstand, diese Fehler auch zuzugeben. Er fügte der Firma einen Schaden von rund 450.000 Euro zu, von denen 350.000 Euro die Versicherung übernahm. Durch Zins und Zinseszins blieb die Firma auf einem Verlust von 150.000 Euro sitzen. Der verantwortliche Buchhalter hat die Firma natürlich längst wieder verlassen, und ich glaube, diesmal einen guten Buchhalter gefunden zu haben.

Auch der Geschäftsführer, den ich auf Druck der Banken 2003 hatte einsetzen müssen, erwies sich als Fehlgriff. Mit Glanz und Gloria war er in den Betrieb gekommen und hatte die Zügel in die Hand genommen. Am Anfang lief das auch recht gut, was wohl weniger auf seine Leistung als vielmehr auf

---

7 – Die Junker Gruppe führt derzeit einen Rechtsstreit gegen den Bankenpool und klagt auf Rückerstattung der Risikoprämie.

die der guten Mitarbeiter – von denen viele schon seit mehr als 20 Jahren in Betrieb tätig waren – zurückzuführen ist. Außerdem wurde meine Firma auch durch die kluge Beratung von Beiräten wie Dr. Eberhard Braun und Prof. Dr. h.c. Lothar Späth (dem früheren Ministerpräsidenten von Baden-Württemberg) gestärkt. Unbemerkt von den anderen Mitarbeitern und auch unbemerkt von mir baute sich der Geschäftsführer seine eigene Welt und lebte auf Firmenkosten wie die sprichwörtliche Made im Speck. Als er nach drei Jahren bemerkte, dass das Kartenhaus über ihm zusammenbrach, warf der Geschäftsführer von sich aus das Handtuch und verließ die Firma, obwohl sein Vertrag noch zwei Jahre weitergelaufen wäre.

Dieses freiwillige Ausscheiden machte mich stutzig, und nach seinem Abschied nahm ich mir etliche Stunden Zeit, um die Akten und Aufzeichnungen aus den zwei Jahren seiner Tätigkeit in meiner Firma zu studieren. Dabei musste ich feststellen, dass der Herr Unsummen für Flugreisen ausgegeben hatte. 73 dieser Reisen sind undokumentiert, das heißt, es lässt sich nicht mehr herausfinden, zu welchem Zweck er unterwegs gewesen ist. Ich vermute, dass die Mehrzahl dieser Reisen aus Eigennutz oder zum Vergnügen unternommen wurden und nicht zum Wohle der Firma. Der Firma entstand dadurch ein Schaden von rund einer halben Million Euro, die nun auf dem Rechtsweg zurückgefordert werden.

2007 machte meine Unternehmensgruppe einen Umsatz in Höhe von mehr als 100 Millionen Euro, zehn Jahre später waren es bereits 230 Millionen Euro. Diesen Umsatz machen wir aber in erster Linie nicht mehr als Produzent von Maschinen für die Herstellung von Gewindebohrern, Reibahlen und Fräsern wie in den 1960er-und 1970er-Jahren. Ich hatte 1978 bei einem Messebesuch in Hannover festgestellt, dass neue Beschichtungen aus Titan erfunden worden waren, mit denen sich die Lebensdauer der Werkzeuge verdreifachen ließ. Mir war sofort klar, dass dies eine tickende Zeitbombe für unser Unternehmen bedeutete. Um ein Beispiel zu bemühen: Würde ein Auto keinen Kundendienst und keine Ersatzteile mehr benötigen, dann gäbe es bald auch keine Werkstätten mehr. Ähnlich verhielt es sich mit unserer Produktpalette: Wenn jedes Werkzeug, das auf unseren Maschinen hergestellt wird, dreimal länger verwendbar ist, dann kaufen unsere Kunden auch weniger ein. Ich habe mich deshalb in den 1980er-Jahren bemüht, unsere Schwerpunkte zu verschieben und in der Automobilindustrie Fuß zu fassen.

Meine führenden Mitarbeiter waren über dieses Engagement zunächst nicht sehr glücklich. Auch Hubert Bildstein, der 1962 mein erster Mitarbeiter gewesen war und später Geschäftsführer wurde, fragte mich einmal: »*Warum plagen wir uns mit all diesen aufwendigen Versuchen, wenn doch die Auftragslage so gut ist?*« Ich erwiderte: »*Herr Bildstein, Sie können mir glauben: Eines Tages werden wir froh darüber sein, die Forschung heute schon betrieben zu haben.*« Tatsächlich machen die Aufträge aus der Automobilindustrie heute 90 Prozent unseres Umsatzes aus. Doch auch die übrigen zehn Prozent können sich nach wie vor sehen lassen: Die Maschinenfabrik Junker ist Weltmarktführer beim Schleifen von Kurbel- und Nockenwellen.

35

Meinen 70. Geburtstag feierte ich mit 1.200 Gästen in der Goldenen Stadt Prag. Die gesamte Nordracher Belegschaft wurde mitsamt meinen Freunden aus Deutschland mit Charterflügen nach Tschechien geflogen, und im Prager Gemeindehaus trat wie zehn Jahre zuvor erneut der tschechische Sänger Karel Gott auf. Es war gewiss keine Laune, dass ich für eine solch große Feier erstmals nicht meinen Heimatort Nordrach wählte, sondern die tschechische Hauptstadt: Knapp 800 der zum damaligen Zeitpunkt über tausend Angestellten meiner Firmengruppe arbeiten in Tschechien.

Ich hatte früh gemerkt, dass sich die Welt verändert. Ich kannte Osteuropa schon zu Zeiten des Kalten Krieges, hatte damals die DDR, Tschechien, die Slowakei, Polen, Ungarn, Russland, die Ukraine, Rumänien und Bulgarien bereist. Immer wieder war ich dort Menschen begegnet, die mir von ihrem großen Traum erzählten, einmal selbst eine Reise ins Ausland zu unternehmen. Sie hatten gehört oder gelesen vom Rhein, der Loreley, oder vom Kölner Dom. Aber im Gegensatz zu mir war es ihnen nicht erlaubt, den Eisernen Vorhang zu übertreten und in den Westen zu reisen. Im Kommunismus wurde man eingesperrt, und es gab keinerlei Freiheit. In den Menschen wuchs daher der Frust, und mir war klar, dass der sich irgendwann entladen würde.

Mein Hauptinteresse im Osten galt stets der Tschechoslowakei. In Böhmen und Mähren war die Mentalität der Menschen unserer süddeutschen sehr ähnlich. Viele Leute dort sprachen außerdem Deutsch, und die Tschechoslowaken waren innerhalb des Ostblocks Marktführer im Maschinenbau. Selbst in Zeiten des Kommunismus hatten die Menschen dort geforscht und hart gearbeitet; es wurden Autobahnen gebaut und mit dem Škoda sogar ein tüchtiges Auto ohne Hilfe aus dem Westen geschaffen. Ich hatte in der Tschechoslowakei viele Freunde gefunden und wusste, dass die dortigen Industrieprodukte denen der anderen Ostblockstaaten deutlich überlegen waren.

Als der Zusammenbruch des Ostblocks absehbar war, entschloss ich mich, sofort in Tschechien geschäftlich tätig zu werden. Dafür wurde ich von vielen Deutschen, auch von meinen Freunden im Wirtschaftsverband, ausgelacht. »*Warum gehst du nach Tschechien und gibst Geld aus? In der ehemaligen DDR bekommst du eine Firma geschenkt und haufenweise Subventionen noch dazu!*«, so redeten viele, und auch in meiner eigenen Firma wurde ich von vielen kritisiert. Ich aber ließ mich von solchen Reden nicht beeindrucken und nahm noch 1989 Kontakt zur tschechoslowakischen Regierung in Prag auf, um über den Kauf der Firma »Tos Schleiftechnik« zu verhandeln. Die Firma bestand aus fünf Werken, von denen ich auf Anhieb drei erwerben wollte.

Bei den Kommunisten stieß ich zunächst auf Granit. Es gab damals kein Gesetz, das den vollständigen Verkauf einer Immobilie oder eines Unternehmens an einen Deutschen erlaubt hätte. Mir wurde gesagt, ich könne zwar einen 97-prozentigen Anteil an einer Firma erwerben, drei Prozent aber müssten in tschechischer Hand bleiben. Ein solches Geschäft kam für mich nicht in Frage, denn ich wollte kein Unternehmen führen, bei dem sich eine Regierung in geschäftliche Fragen einmischen konnte. Glücklicherweise erwiesen sich die tschechischen Beamten aber als vernünftige Menschen, mit denen man reden konnte. Die demokratische Nachfolgeregierung erklärte, ich könnte die drei Firmen zu 100 Prozent erwerben, falls 70 Prozent der Mitarbeiter diesem Verkauf zustimmen würden.

Ich ließ daraufhin eine Broschüre über mein Lebenswerk ins Tschechische übersetzen und in den Firmen verteilen, besuchte jedes der drei Werke mehrfach persönlich, schrieb eine Rede an die Belegschaft und ließ Betriebsversammlungen einberufen, bei denen mein tschechischer Freund Petr Zemánek diese Rede in meinem Namen vortrug. Zemánek erklärte auch detailliert die Pläne, die ich mit den Werken hatte, und kündigte an, die Sozialräume und Toilettenanlagen zu sanieren – dies war mir ein wichtiges Anliegen, denn die Zustände so kurz nach dem Ende des Kommunismus waren für mich als Westdeutschen fast unzumutbar.

Nach einigen Wochen Vorbereitung folgte die Abstimmung, und die Belegschaft der drei Werke stimmte dem Verkauf der Firmen an Junker zu 85 Prozent zu. Den Kaufvertrag musste kurz darauf aber mein Anwalt Dr. Eberhard Braun unterzeichnen, denn Anfang der 1990er-Jahre war ich ja wegen des Steuerfalls nicht im Besitz meines Reisepasses und durfte deshalb nicht nach Prag reisen, obwohl ich allzu gerne dabei gewesen wäre, als die Transaktion nach mehrjähriger Verhandlung perfekt gemacht wurde. 1998 erwarb ich noch ein viertes Werk aus der ehemaligen Tos-Gruppe dazu, sodass nur das ehemalige Stammwerk heute nicht zur Junker Gruppe gehört. Ich war am Kauf des fünften Unternehmens aber auch nicht interessiert, denn dies war ein großer Sanierungsfall, bei dem viele Mitarbeiter hätten entlassen werden müssen. Diese undankbare Aufgabe fiel einem Slowaken zu, der das Werk übernahm.

Bei meiner Mannschaft in Nordrach fand der Erwerb der tschechischen Werke trotz endloser Diskussionen zunächst keinen Anklang. Nur ein kluger Kopf unter meinen wichtigsten Mitarbeitern war in der Lage, mein Konzept zu verstehen: Geschäftsführer Hubert Bildstein.

Er erklärte sich bereit, das ganze Jahr über in den tschechischen Werken zu arbeiten und nur an den Wochenenden nach Nordrach zurückzukehren. Die tschechischen Mitarbeiter mussten natürlich geschult werden, insbesondere was die Perfektion anging. Über Jahrzehnte hinweg hatte man aus dem Ostblock kaum Kritik für fehlerhafte Maschinen erhalten und musste neu lernen, sämtliche Fehler an den Maschinen zunächst zu suchen und dann auszumerzen.

Um diese große Aufgabe bewältigen zu können, kaufte die Firma ein Flugzeug, das auf dem Lahrer Flughafen stationiert wurde. Steuerliche Vorteile in Tschechien ermöglichten es, den Flieger in fünf Jahren abschreiben zu können – in Deutschland hätte das 25 Jahre gedauert. Das Flugzeug flog zweimal wöchentlich nach Prag und zurück, wobei auf dem Hinflug jeweils acht Mitarbeiter aus Nordrach nach Tschechien geflogen wurden und auf dem Rückflug andere acht Mitarbeiter aus dem tschechischen Werk nach Nordrach. Durch den regen Austausch zwischen den Mitarbeitern war es möglich, die Schulungen sehr viel schneller durchzuführen als sonst üblich. Nach gerade einmal fünf Jahren waren die tschechischen Werke in der Lage, die Maschinen in der gleichen Qualität zu produzieren, die wir im Schwarzwald gewohnt sind. Das Flugzeug war also eine sehr wichtige Investition in die Zukunft der Firma. Der Flieger befindet sich noch immer im Firmenbesitz, fliegt mittlerweile aber auch Charterflüge für andere Firmen.

Die enorme Qualitätssteigerung in den tschechischen Fabriken ist maßgeblich Hubert Bildstein zu verdanken. Er hat die große Leistung vollbracht, die tschechischen Produktionslinien Schritt für Schritt an das westliche Niveau anzupassen. Am Anfang wurden in den tschechischen Werken nur kleinere Teile produziert, später aber auch ganze Maschinen. Heute läuft unsere gesamte Produktion in Tschechien, und die dortigen Mitarbeiter haben mit den Jahren auch eine Menge Selbstbewusstsein entwickelt. In Deutschland wickeln wir lediglich noch die Abnahme für unsere Kunden ab. – Doch im vergangenen Jahr wurden bereits mehr als 50 Prozent der Maschinen im tschechischen Holice abgenommen.

Insgesamt haben wir in Tschechien jetzt vier Produktionsstandorte: Mělník, Holice, Čtyřkoly und Středokluky. In Mělník haben wir mindestens 20 Millionen Euro in DMG-Werkzeugmaschinen zum Drehen und Fräsen investiert und wir produzieren dort vorwiegend bis zu einem Meter große Teile. In einer der Hallen stehen allein fünf Maschinen, die Enormes leisten und mit hoher Genauigkeit arbeiten. Noch bin ich nicht ganz zufrieden, denn die Auslastung der Maschinen liegt zurzeit bei rund 50 Prozent – sie müsste jedoch bei 70 oder 80 Prozent liegen. Daran arbeiten wir.

Holice war der zweite Standort, den ich erworben habe. Das war nicht ganz einfach, denn durch meinen Kauf des Standortes Mělník war ich schon bekannt in Tschechien und wäre mein Interesse an Holice laut geworden, wäre der sehr niedrige Kaufpreis sicher um 100 Prozent oder mehr gestiegen. Ich gab also meinem Anwalt Herrn Melzer einen Scheck über 250.000 Mark und bat ihn, Holice zu kaufen. Mir gehörten dann riesige Flächen und ich hatte viel Platz, zunächst eine große Halle zu bauen. Damit waren wir schon früh in der Lage, vor Ort Maschinen zur Abnahme fertig zu stellen. Heute ist Holice unser größter Standort in Tschechien. Es gibt neben der Produktion, in der wir die weltweit größten Schleifmaschinen zur Bearbeitung von Kurbelwellen bauen, auch ein Hotel, ein Restaurant und natürlich unsere Akademie.

Viele wunderten sich darüber, dass ich die Akademie eröffnet habe. Aber ich sage: Die Zeiten ändern sich. China wird die weltweite Massenproduktion zu großen Teilen an sich reißen. Wenn wir als technisches Unternehmen im Westen auch in Zukunft existieren wollen, müssen wir dafür sorgen, dass hier junge Leute als künftige Fachkräfte ausgebildet werden. Bei uns in der Akademie bekommen sie die Möglichkeit, sechs Monate lang auf unsere Kosten zu leben und sich dann zu entscheiden, ob sie einen technischen Beruf ergreifen oder auch ein technisches Studium anstreben wollen. Man kann die jungen Menschen heutzutage nicht völlig allein lassen mit dieser Entscheidung, denn die Möglichkeiten sind grenzenlos und es gibt viele Ausbildungen, die in Zukunft nicht automatisch gute Arbeit versprechen. Da hat sich in den vergangenen 50 Jahren viel verändert und es wird sich auch weiterhin viel verändern.

Wenn wir als hochtechnisches Unternehmen weiter bestehen wollen – auch nach meiner Zeit – brauchen wir Orte wie die Akademie. Natürlich wird es noch ein paar Jahre dauern, bis sie richtig rund läuft. Herr Panuš, der Werksleiter in Holice und ein sehr intelligenter Mann, ist wie ich sehr daran interessiert, die Akademie zum Laufen zu bringen. Schon jetzt können wir einige Erfolge verbuchen: Die ersten jungen Menschen haben die Akademie absolviert. Ein junger Mann hat sich für ein technisches Studium entschieden, andere für eine praktische Technik-Ausbildung. Die Akademie zu bauen, war also die richtige Entscheidung.

Die Schleifspindeln und die anderen hochgenauen Teile werden in Čtyřkoly hergestellt. Wir sind weltweit die einzige Firma, die über Schleifspindeln verfügen, bei denen Flansch und Spindel aus einem Stück bestehen. Schon vor 20 Jahren habe ich diese Konstruktion, die Junker-Spindel, erfunden. Der Vorteil zu herkömmlichen Schleifspindeln mit Konus ist, dass wir auch bei einer Schleifgeschwindigkeit von mehr als 150 Metern pro Sekunde, und damit sehr hohen Fliehkräften, arbeiten können. Weil dabei enorm hohe Temperaturen entstehen, ist am Standort Čtyřkoly alles vollklimatisiert.

In Středokluky widmen wir uns zwei Aufgaben: Einerseits werden dort Schaltschränke hergestellt, zum anderen und weitaus größeren Teil bauen wir dort aber mit unserer

Firma LTA Industrial Air Cleaning Systems s.r.o. intelligente Filtrationssysteme. Diese kommen in der Industrie überall dort zum Einsatz, wo zum Beispiel Öle, Späne oder Staubpartikel zuverlässig abgesaugt werden müssen.

Die vier Werke Mělník, Holice, Čtyřkoly und Středokluky wurden in zwei Aktiengesellschaften umgewandelt, deren Aktien aber nicht an der Börse gehandelt werden, sondern komplett in meinem Besitz sind. Um einen zentralen Sitz für die Junker Gruppe in Tschechien zu haben, wurde ein sechsstöckiges Haus in der Prager Innenstadt unweit des Wenzelsplatzes gekauft, in dem zunächst Buchhaltung, Finanzverwaltung und Einkauf für den größten Maschinenbauer Tschechiens zusammengefasst waren. Prag hat sich in den jüngsten Jahren herausgeputzt und ist zu einer der schönsten Städte Europas geworden, sodass rings um dieses Gebäude ein schmuckes Viertel entstanden ist. Mittlerweile befindet sich unser zentraler tschechischer Firmensitz in Mělník. Die Räumlichkeiten in Prag haben wir vermietet.

Das Herzstück der Firmengruppe ist aber nach wie vor in Nordrach zu Hause. Dort werden von einer durch nichts zu ersetzenden Topmannschaft die Prototypen und Sonderfertigungen gebaut. Die deutschen Arbeiter sind nach wie vor die besten der Welt – nur sind sie leider auch die teuersten, und aufgrund von fehlerhafter Politik wird ihnen die Hälfte des Lohnes auch noch durch Steuern, Versicherungen und andere Abgaben wieder weggenommen. Die Löhne in Tschechien sind zwar zwischenzeitlich gestiegen, doch ich kann aufgrund der hohen Lohnnebenkosten in Deutschland noch immer drei Tschechen für das Gehalt von einem Deutschen beschäftigen.

Vielleicht sollte sich mancher darüber einmal Gedanken machen, bevor er die Produktionsverlagerung ins Ausland vorschnell kritisiert. Wäre ich nicht nach Tschechien gegangen, würde es meine Firma wegen der Lohnkostenexplosion in Deutschland vermutlich gar nicht mehr geben. Ich habe immer alles dafür gegeben, der Belegschaft meiner Firmen einen sicheren Job, ein gutes Einkommen und ein harmonisches Arbeitsklima zu garantieren. Seit mehr als 40 Jahren werden die Gewinne der Firma fast komplett wieder für die Zukunft investiert; im Gegensatz zu anderen erfolgreichen Unternehmern besitze ich weder Ferienhäuser noch Jachten. In der Gesamtbilanz 2006 belief sich das Eigenkapital der Firma auf 47,3 Prozent. Mittlerweile ist die Quote auf 78 Prozent gestiegen – und sie wächst weiter. Ich bin aber nicht stolz darauf, dass ich so viele Fabriken besitze. Ich fand immer nur gut, dass es läuft.

36

Ich sehe mich heute nicht mehr als Deutschen, sondern als Europäer. Ich glaube, dass jeder, der dieses Buch gelesen hat, verstehen wird, welche Erlebnisse mich dazu bewogen haben, in mir eine Distanz zum deutschen Staat aufzubauen. Ich bin Realist und denke, dass das Zusammenwachsen Europas eine vorteilhafte Entwicklung zur Vermeidung weiteren Unheils ist. Denn auch die Deutschen können von ihren Nachbarn noch Einiges lernen. Wenn bei uns im Land einer unter tausend den Kopf etwas höher streckt, um klarer sehen zu können, dann wollen die anderen ihn sofort einen Kopf kleiner machen. Aber meinem Erfindergeist konnten keine Neider und keine Staatsanwälte etwas anhaben. Ich habe mit meinen über 80 Patenten und mit meinem Verkaufstalent die Nase stets ein Stückchen weiter vorn gehabt.

Ich hatte außerdem das Glück, immer wieder die richtigen Menschen zur richtigen Zeit zu treffen. Und ganz besonders froh bin ich darüber, 1985 Marlies kennengelernt zu haben, die mir während der schweren Jahre eine wichtige Stütze war. Ich hatte nach der Scheidung von meiner zweiten Frau eigentlich beschlossen, nicht noch einmal zu heiraten. Aber 1997 habe ich erkannt, wie wichtig Marlies für mich ist. Ich habe ihr deshalb einen Heiratsantrag gemacht, und wir wurden an meinem 67. Geburtstag verheiratet.

Eine enge Verbundenheit habe ich bis heute auch zu meinem Heimatort Nordrach. Dass ich 1990 zum Ehrenbürger der Gemeinde ernannt wurde, erfüllt mich bis heute mit tiefem Stolz, und ich möchte den Bürgern dafür danken, indem ich mich immer wieder um den Ort bemühe. In der Pfarrkirche St. Ulrich habe ich den Altar, die Kanzel, den Glockenstuhl und die Lautsprecheranlage sanieren lassen, und im Hintertal habe ich gleich zweimal das Gasthaus Adler gekauft und jedes Mal mitsamt den Gästezimmern renovieren und neueröffnen lassen, um den Bewohnern des Ortsteils Kolonie eine anständige Gaststätte zum Essen und Feiern zu erhalten.

Besonders am Herzen lag mir auch das ehemalige Kurhaus mitten im Dorf, das nach einer Gesundheitsreform aufgegeben und in ein Rentner-Hotel umgewandelt worden war. Als auch dieses Hotel im Jahr 2009 seinen Auszug aus dem Gebäudekomplex ankündigte, drohte das 11.000 Quadratmeter große Areal mitten in meinem Heimatdorf leer zu stehen. Das wäre nicht nur ein schlechter Anblick gewesen, sondern es war auch mancher Arbeitsplatz in Gefahr: Die Cafés und Einzelhändler im Dorf verdienten das meiste Geld schließlich mit den Kurgästen und Touristen. Für mich war deshalb klar, dass das ehemalige Kurhaus gerettet werden muss. Ich griff tief in meine private Tasche und machte das schlechteste Geschäft meines

Lebens – aber für das Wohl der Bürger meiner Heimat war der Preis nicht zu hoch. In den vergangenen Jahren sank die Auslastung der 170 Zimmer jedoch so stark, dass sich der Mieter im Herbst 2017 gänzlich zurückgezogen hat. Wie es nun mit dem Gelände weitergeht, steht bisher nicht fest.

Weiterhin gut genutzt wird aber der anliegende Erwin-Junker-Park. Das ist ein Prachtstück! Vor vier, fünf Jahren hatte ich die Idee, für meine Mitarbeiter und die Junker-Rentner einen Ort der Erholung zu schaffen – in den Park kommt nur, wer eine Karte der Firma besitzt. 1.000 Meter Fußweg wurden angelegt und 450 Rhododendron-Sträucher gepflanzt, Bänke neben Schatten spendenden Bäumen laden zum Verweilen ein. Und ein Glanzpunkt: Ich habe eine Abdeckung für die Bänke entwickelt, damit diese nie nass oder schmutzig werden. So können sich meine Mitarbeiter ungestört entspannen.

Ein kleiner Rückzugsort für mich selbst im Dorf ist der Finkenzeller Hof geworden, den ich im Sommer 2010 erworben habe. Er ist mit zehn Hektar Landwirtschaft und 30 Hektar Wald der größte Hof in Nordrach. Neben dem Bauernhaus gehört auch ein Sägewerk dazu. Ich habe dafür gesorgt, dass das Wasserrad Strom erzeugt, der in das Netz eingespeist wird. Auf dem Bauernhof leben 11 Schweine, 22 Hühner, 19 Gänse und 20 Rinder. Die Tiere bieten jede Woche das gleiche Schauspiel: Sobald ich mit dem Brotkorb um die Ecke komme, fliegen die Gänse herbei und auch die Hühner begeben sich sofort in Wartestellung. Wahrscheinlich erkennen Sie mich schon von Weitem an meinem weißen Hut.

2014 habe ich ebenfalls in Nordrach noch den Erdrich Hof gekauft, auch dazu gehören wiederum fünf Hektar Wald. 2015 kam der Brosi Hof mit nochmals neun Hektar Wald und einem Wildgehege hinzu – 19 Damhirsche leben darin.

In einem Weiher schwimmen mindestens 100 Forellen, die dank der Bäume gut vor Raubvögeln geschützt sind und sich prächtig entwickeln. Meinem gesamten Waldgebiet geht es wunderbar, denn es wird kein Gift verspritzt. Ich will schließlich den Wald nicht ruinieren. Der Förster hat ausgerechnet, dass ich jährlich 300 Festmeter Holz schlagen und verkaufen kann, die Menge wächst automatisch wieder nach.

Auch in Zell am Harmersbach hatte ich schon vor Jahren ein Objekt ins Auge gefasst: das Gebäude von Prototyp. Weil das aber nicht geklappt hat, habe ich 2012 stattdessen das Keramik-Areal gekauft. Früher war die Keramik mit 450 Mitarbeitern der mit Abstand größte Arbeitgeber in Zell – weit vor Protoyp. Heute arbeiten in der Keramik noch rund 20, 30 Leute und sie ist nun mein Mieter. Einen der Neubauten auf dem Areal nutzen wir als Firma Junker, um interessierten Kunden unsere Werkzeugschleifmaschinen vorzuführen. In Nordrach selbst haben wir dafür einfach keinen Platz mehr.

Wer an dem Keramik-Gelände vorbeifährt, kann auch das Hinweisschild für Breigs Motorradmuseum nicht übersehen. 2014 bekam ich einen Brief von Walter Breigs Tochter. Sie berichtete mir von der beeindruckenden Motorrad-Sammlung ihres Vaters und fragte, ob ich ein Ausstellungsgelände zur Verfügung stellen könnte. Ich konnte. Und so werden jetzt auf knapp 1.000 Quadratmetern Fabrikate von Adler, BMW, Kreidler über NSU bis Zündapp gezeigt, ebenso alte Spielsachen wie Märklin-Eisenbahnen. Als Besucher gerät man in diesem Museum tatsächlich ins Staunen.

Dem Alten neues Leben einhauchen – dies war auch beim Nordracher Gasthaus Stube mein Wunsch. Die Stube war jahrzehntelang der Mittelpunkt des Dorfes, und im dortigen großen Saal trafen sich die Nordracher nach jeder Hochzeit und nach jeder Beerdigung. Als das Restaurant vor einigen Jahren schließen musste, kaufte ich das Haus und nutze es seither als modernes Schulungszentrum, das auch Unterkunft und Speisemöglichkeiten für die Gäste meines Unternehmens bietet. Im ehemaligen Weinkeller der Stube wurde ein Speiselokal für die Nordracher Bevölkerung, der Stubenkeller mit 65 Sitzplätzen, eingerichtet.

Genauso wie die Stube immer der Mittelpunkt Nordrachs war, so war meine Mutter Zäzilia zeit ihres Lebens der Mittelpunkt meiner Familie. Sie scheute keine Mühe, um alle ihre Kinder stets gleich zu behandeln. Nachdem mein Vater Ludwig im Alter von 80 Jahren gestorben war, lebte meine Mutter allein im großen Elternhaus. Ich besuchte sie, so oft ich konnte, und lud sie manches Mal auch ein, sich mit mir auf Reisen zu begeben. Einmal begleitete sie mich nach Paris, stand staunend vor dem Eiffelturm und sagte: »*Mensch, gibt's hier große Häuser!*« Ich versprach ihr, sie einmal dorthin mitzunehmen, wo es auf der Welt die größten Häuser gibt.

Und 1991 flogen meine Schwester Elfriede, meine Frau, meine Mutter – sie war damals 88 Jahre alt – und ich also mit der Concorde nach New York, wo wir meinen Sohn Manfred besuchten. Er organisierte einen Hubschrauber, mit dem wir an der Freiheitsstatue vorbei über die Dächer von Manhattan flogen. Diese Reise war eine riesige Freude für meine Mutter, die wie an jedem Tag ihres Lebens auch in New York die alte Nordracher Tracht trug. Und sie stellte auch einmal mehr unter Beweis, von wem ich die Fähigkeit geerbt hatte, auf andere Menschen zuzugehen, denn meine Mutter sprach in New York auf Deutsch alle Leute an, für die sie sich interessierte. Sie konnte nicht begreifen, dass man sie nicht versteht.

Fünf Jahre danach starb sie im Alter von 93 Jahren. Und im Sommer 2007 musste ich auch meinen Bruder Ludwig zu Grabe tragen. Während des Beerdigungsgottesdienstes traten mir Tränen in die Augen, als ich mich an unsere Kindheit erinnerte und daran, wie wir zusammen auf dem Sägewerk unserer Eltern gearbeitet hatten. Natürlich haben wir auch oft zusammen gespielt, vor allem mit meinem Großvater, der auch Ludwig hieß und der stets viel Verständnis für uns Kinder aufbrachte.

Einmal bekamen Ludwig und ich vom Großvater das gleiche Geschenk: einen kleinen Traktor aus Blech, den man mit einer Feder aufziehen konnte, um ihn auf der Straße fahren zu lassen. Dieser Traktor war für mich ein wundersames Ding. Ich konnte nicht verstehen, wie dieses Spielzeug gleichmäßig schnell fahren konnte, und ich wollte schauen, wie das Innenleben des Traktors aussah. Also nahm ich ihn kurzerhand auseinander, was meinen Vater wütend machte. »*Du machst immer alles kaputt*«, schimpfte er. Mein Großvater aber mahnte ihn zur Ruhe und sagte, während ich den Spielzeugtraktor wieder zusammenbastelte: »*Lass den Erwin mal machen, in dem steckt was drin. Aus dem kann noch etwas Großes werden!*«

NACHWORT

Nun bin ich also 88 Jahre alt. Als junger Mann hätte ich mir nicht im Traum vorstellen können, dieses Alter noch rüstig zu erreichen. Ich bin dem lieben Herrgott dankbar, dass er mir die Kraft und auch die medizinischen Helfer – vor allem den Herzschrittmacher und die Herzklappe – gegeben hat. Es war ein Glück, dass ich vor 25 Jahren Herrn Dr. Maurer von der Bühlerhöhe kennengelernt habe, denn so hatte ich immer einen Arzt, der mich bei meinem jährlichen Check-Up persönlich behandelt hat.

Ich kann mit einem gewissen Stolz auf mein Lebenswerk zurückblicken. Mein Name wird wie meine große Erfindung »Quickpoint« auch nach mir noch in der Welt ein Begriff sein, genauso wie mein Firmenzeichen. Auch habe ich dafür gesorgt, dass mein Lebenswerk nach mir erfolgreich weitergeführt werden kann. Um das zu gewährleisten, habe ich bei Gericht ein entsprechendes Testament hinterlegt.

Eine Weltfirma aufzubauen, was ich als ehemaliger Volksschüler geschafft habe, ist nicht ganz einfach. Wenn man älter wird, beginnt man, mehr nachzudenken, und ist dann auch in der Lage, die Vergangenheit kritisch zu betrachten. Was ich alles erleben musste, bis ich so weit war! Das fing an 1962 mit den Schüssen auf der Brücke zur Mühle durch einen Mitarbeiter der Firma Prototyp und ging weiter mit den Banken, die mich enteignen wollten. Zu diesem Zeitpunkt wurde unsere Finanzabteilung schlecht geführt, wir hatten lediglich einen Eigenkapital-Anteil von 18 Prozent. Ich war den Banken ausgeliefert und hatte kaum noch eine Chance. Weil ich aber meine Fähigkeiten und mein Unternehmen kannte, gelang es mir das Ruder herumzureißen. Ich musste viele unangenehme Entscheidungen fällen, aber glücklicherweise habe ich auch die richtigen Leute getroffen.

In den vergangenen Jahren haben wir unseren Umsatz auf 230 Millionen Euro verdreifacht. Im Schleifen sind wir unschlagbar! Wir verdienen ordentlich Geld, sodass wir unsere Investitionen ohne die Hilfe einer Bank selbst zahlen können. So haben wir 2015 in Brasilien die Firma Zema gekauft, die auf die Fertigung von CNC-Schleifmaschinen mit Korund-Schleifscheiben spezialisiert ist. Am Standort São Paulo werden ausgeklügelte Maschinenkonzepte gefertigt, beispielsweise zum Schleifen von Getriebe-, Turbolader- und Gelenkwellen, Flansch und Zapfen an Kurbelwellen sowie Sonderlösungen. Mit den 100 Mitarbeitern von Zema, arbeiten nun insgesamt rund 1.500 Menschen für die Junker Gruppe.

Es ist auch schön zu sehen, dass die tschechische Akademie inzwischen fertiggestellt wurde und nun peu à peu in Betrieb geht. Ich bin glücklich, dass alles so gut funktioniert, denn mein Unternehmen ist auch dank meiner tschechischen Firmen erfolgreich. Es war und ist meine große Stärke, dass ich immer weit vorausschauen kann – die Akademie in Holice wird in Zukunft eine tragende Rolle spielen. Die Welt hat sich in den vergangenen Jahren so dramatisch verändert, dass viele kaum noch die Zusammenhänge verstehen können. Allein der Blick nach China lohnt: 1,3 Milliarden Menschen leben dort, diese sind außer Frage fleißiger als die Amerikaner oder wir Europäer, und ich bin sicher, dass die Chinesen künftig 80 Prozent der Massenproduktion an sich reißen werden. Wir als Hightech-Unternehmen sind auf die besten jungen Leute angewiesen, und davon gibt es im Westen nur wenige. Um auch in Zukunft gut ausgebildete Fachkräfte zur Verfügung zu haben, brauchen wir Akademien wie im tschechischen Holice.

Wenn ich zurückblicke, denke ich natürlich auch an mein Strafverfahren und die 20 Tage, die ich ins Gefängnis gesperrt wurde. Zunächst versuchte man, mich wegen angeblich 10 Millionen Mark hinterzogenen Steuern zu verklagen. Am Schluss blieben lediglich noch 800.000 Mark Forderungen übrig – davon 250.000 Mark für die Reisen, auf denen mich meine heutige Ehefrau begleitete. Sie sprach schlichtweg besser Englisch als ich und war mir im Auslandsgeschäft eine große Hilfe. Bezahlt etwa unser ehemaliger Bundespräsident die Reisen mit seiner Lebensgefährtin aus privater Kasse?

Die Justiz bestrafte mich für 800.000 Mark und zwei Jahre später zahlte mir das Finanzamt 5,3 Millionen Mark zurück. Die Frage muss erlaubt sein: Wer hat wen geschädigt – ich den Staat oder der Staat mich? Der Staat hatte mir praktisch Millionen vorenthalten. Gerade in der schwirigen Zeit, die ich damals hinter mir hatte, wäre das Geld eine große Hilfe gewesen.

Von den Prototyp-Mitarbeitern, von den Banken, von der Justiz: Dreimal wurde ich angegriffen, aber kleingekriegt haben sie mich nicht. Fast ging es in meinem Leben zu wie auf der Burg Windeck, die ich vor ein paar Monaten gekauft habe. Sie steht nur 500 Meter von unserer Bühler Villa entfernt – von unserem Park blicken wir auf das Gelände mit den Restaurants, einem Hotel und dem vier Hektar großen Weingut. Wer einen der beiden Burgtürme ersteigt, hat einen wunderbaren Blick über die Rheinebene. Besonders im Sommer ist das herrlich! Seit ihrer Erbauung im Jahr 1200 wurde die Burg dreimal von den Straßburgern belagert, aber eingenommen konnte sie nicht werden. Welch schöne Parallele zu meinem Lebensschicksal und wie wunderbar, dass ich an diesem Ort meinen 88. Geburtstag feiern konnte.

Wenn man älter wird, bleibt es gar nicht aus, dass man zurückblickt auf die Vergangenheit. Oft denke ich über eine Aussage unseres früheren Bundeskanzlers Konrad Adenauer nach. Herbert Wehner hatte ihm vorgeworfen, in früheren Jahren ganz andere Ansichten vertreten zu haben. Auf diesen Vorwurf antwortete Adenauer mit dem Satz: »*Sehr geehrter Herr Abgeordneter Wehner, ich kann nichts dafür, dass ich mit zunehmendem Alter auch klüger geworden bin.*« Diesen Satz werde ich mir auch zubilligen.

Ich bin glücklich, dass ich heute eine gute Mannschaft habe, die meine Firma weiterführen wird, wenn ich eines Tages nicht mehr kann. Dafür möchte ich Danke sagen! Ich bin nicht immer ein einfacher Chef gewesen, aber wichtig ist: Ich habe ein erfolgreiches Unternehmen mit sicheren Arbeitsplätzen geschaffen. Und ein Produkt, das auch in der Zukunft bedeutend sein wird. Ähnlich wie bei den Firmen Bosch und der Zahnradfabrik Friedrichshafen wird es eine Stiftung geben: Die entsprechenden Satzungen sind allesamt entwickelt und liegen bei Gericht. 50 Prozent des Gewinns gehen an die Senioren, die bei uns gearbeitet haben. In Zukunft werden sie die Last zu tragen haben und die Firma Junker hat die Möglichkeit, sie dabei zu unterstützen.

Ich bin noch nicht müde und hoffe, dass ich meine Gesundheit noch weiter erhalten kann, um die Junker Gruppe weiterhin kontrollieren zu können und um meinen Führungsleuten zu helfen, keine Fehler zu machen.

Ich möchte dieses Buch mit drei Sätzen abschließen, die mich in meinem Leben bis heute begleiten:

»Nach vorn geht mein Blick – zurück darf kein Seemann schauen.«
aus meinem Lieblingslied »La Paloma«

»Was du auch tust, handle klug – und bedenke das Ende von dem, was du tust«
nach dem Alten Testament

»Wenn andere das Wort ›Wurst‹ gesagt haben, habe ich sie längst gegessen.«

Erwin Junker, im April 2018

CHRONOLOGIE

1962 Gründung der Firma »Erwin Junker Maschinen- und Apparatebau« in einer stillgelegten Getreidemühle

1965 Bau der ersten Werkshalle, Erweiterung der Produktionsfläche auf 360 Quadratmeter
Erste Messeteilnahme auf der Internationalen Werkzeugmaschinen-Ausstellung in Hannover

1969 Erweiterung des Firmengebäudes um ein zweistöckiges Verwaltungsgebäude

1970 Erweiterung der Produktionsfläche um eine zweite Fertigungshalle mit weiteren 1.200 Quadratmetern

1974 Bau einer dritten Werkshalle für die Ausbildungsabteilung und die Elektrowerkstatt

1977 Eröffnung eigener Vertriebsstandorte in den USA und Deutschland

1980 Gründung der Firma LTA Lufttechnik GmbH

1985 Markteinführung der innovativen Quickpoint-Technologie auf der Werkzeugmaschinen-Weltausstellung EMO in Hannover

1986 Neubau weiterer Montagehallen mit Krananlagen. Die Produktionsfläche beträgt nun 6.100 Quadratmeter. Neubau eines vierstöckigen Gebäudes für die Abteilungen Entwicklung und Konstruktion

1989 Durchbruch zur Automobilindustrie

1992 Übernahme der drei tschechischen Standorte Mělník, Čtyřkoly und Středokluky und Gründung der Junker Gruppe

1995 Schaffung eines Technologie-Centers für Forschung und Entwicklung von schleiftechnologischen Verfahren in Nordrach

1998 Als einzige Zulieferfirma von Maschinen und Anlagen bekommt Junker den VW-Qualitätspreis »Formel Q« verliehen Übernahme der Firma BSH Holice in Tschechien

2000 Erweiterung der Produktionsfläche auf 7.600 Quadratmeter

2001 Zertifizierung der Junker Gruppe nach DIN EN 9001 und VDA 6.4

2003 Eröffnung eines Vertriebs- und Service-Standortes in Shanghai, China

2005 Premiere des neuen Maschinenkonzeptes Evolution2

2006 Einweihung der neuen BSH-Produktionshalle

2007 Fusion der tschechischen Standorte zur Erwin Junker Grinding Technology a.s.

2009 Eröffnung eines Vertriebs- und Service-Standortes in Pune, Indien

2012 Eröffnung eines Vertriebs- und Service-Standortes in São Paulo, Brasilien
50-jähriges Jubiläum der Erwin Junker Maschinenfabrik GmbH
Eröffnung eines Vertriebs- und Service-Standortes in Yaroslavl, Russland

2014 Eröffnung des Standortes Mexiko

2015 Mehrheitsbeteiligung der Firma Zema Zselics Ltda., Brasilien
Eröffnung des Standortes Türkei

2016 Errichtung der Fabrikant Erwin Junker Stiftung durch Herrn Erwin Junker, an die er einen Großteil der von ihm an der Erwin Junker Top-Holding GmbH gehaltenen Anteile schenkt und überträgt
Gründung der LTA Industrial Air Cleaning Systems, Inc. in den USA

2017 Gründung der LTA Industrial Air Cleaning Systems s.r.o. in Tschechien

1962: Gründung der Firma Erwin Junker Maschinen-
und Apparatebau durch Erwin Junker in einer Getreidemühle

Ölbild der Nordacher Mühle

1965: Erste bauliche Maßnahmen am Firmengebäude, die Werkshalle wird auf 360 Quadratmeter erweitert

1969: Erweiterung des Firmengebäudes um ein zweistöckiges Verwaltungsgebäude, sowie die Einrichtung von Sozialräumen und einer werkseigenen Kantine

1970: Erweiterung der Produktionsfläche um eine zweite
Fertigungshalle mit 1.200 Quadratmetern

1974: Bau einer dritten Werkshalle (rechts im Bild),
die als Ausbildungsabteilung und Elektrowerkstatt genutzt wird.
Erweiterung der Verwaltungs- und Sozialräume

1980: Gründung der Firma LTA Lufttechnik,
Spezialist für Lufttechnik und Abluftsysteme

QUICKPOINT - HSG-Schleifen

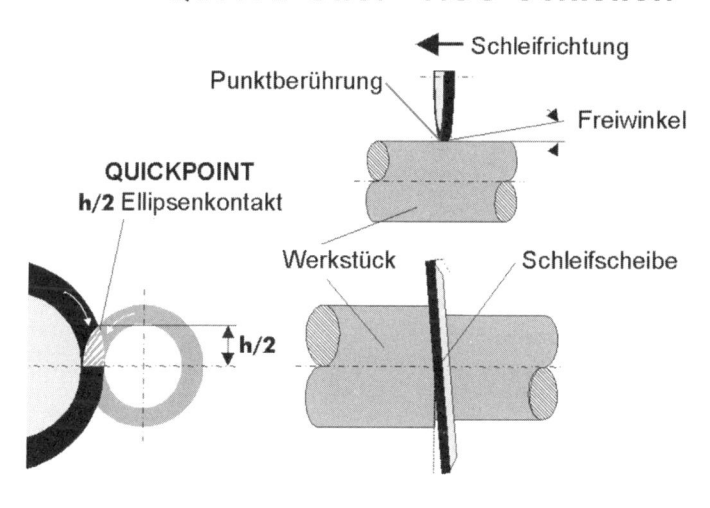

Schleifrichtung
Punktberührung
Freiwinkel
QUICKPOINT
h/2 Ellipsenkontakt
Werkstück
Schleifscheibe
h/2

1985: Vorstellung und Markteinführung der einzigartigen patentierten Quickpoint-Technologie auf der 6. EMO in Hannover. Einführung des CAD/CAM

1986: Neubau weiterer Montagehallen mit Krananlagen.
Die Produktionsfläche beträgt nun insgesamt 6.100 Quadratmeter

1992: Übernahme der heutigen Firma Junker Grinding Technology
in Tschechien mit den Standorten Mělnik, Čtyřkoly,
Středokluky, und Bildung der Junker Unternehmensgruppe
(Abbildung: Standort Mělnik)

2000: Erweiterung der Produktionsfläche um weitere 1.500 Quadratmeter auf eine Gesamtfläche von 7.600 Quadratmetern. Zertifizierung der Firma Junker nach ISO 9001, VDA 6.4

2006: Einweihung der neuen BSH-Produktionshalle durch Beiratsmitglied Prof. Dr. h.c. Lothar Späth, Erwin Junker und den damaligen tschechischen Ministerpräsidenten Jiri Paroubek (v.l.n.r.)

2007: In den 45 Jahren seit der Firmengründung entwickelte sich Junker zu einer starken Unternehmensgruppe auf dem Weltmarkt (Abbildung: Standort Holice)

2012: 50-jähriges Jubiläum der
Erwin Junker Maschinenfabrik GmbH

2015: Eröffnung der Akademie in Holice

2015: Mehrheitsbeteiligung der Firma Zema Zselics Ltda., Brasilien

2018: Kauf der Burg Windeck in Bühl

PRODUKTIONSSTANDORTE DER JUNKER GRUPPE

Erwin Junker Maschinenfabrik, GmbH,
Nordrach, Deutschland

Erwin Junker Grinding Technology a.s.,
Holice, Tschechische Republik

Erwin Junker Grinding Technology a.s.,
Mělník, Tschechische Republik

Erwin Junker Grinding Technology a.s.,
Středokluky, Tschechische Republik

Erwin Junker Grinding Technology a.s.,
Čtyřkoly, Tschechische Republik

Zema Zselics Ltda.,
São Paul, Brasilien